莒南县博物馆青铜器选粹

莒南县博物馆 编

上海古籍出版社

图书在版编目（CIP）数据

莒南县博物馆青铜器选粹 / 莒南县博物馆编.—上
海：上海古籍出版社，2019.8
ISBN 978－7－5325－9273－9

Ⅰ.①莒… Ⅱ.①莒… Ⅲ.①青铜器（考古）–中国–
图集 Ⅳ.①K876.412

中国版本图书馆CIP数据核字（2019）第132157号

莒南县博物馆青铜器选粹

莒南县博物馆 编

上海古籍出版社出版发行

（上海瑞金二路272号 邮政编码200020）

（1）网址：www.guji.com.cn
（2）E-mail：guji1＠guji.com.cn
（3）易文网网址：www.ewen.co

上海丽佳制版印刷有限公司印刷

开本 889×1194 1/16 印张 14 插页 4 字数 125,000
2019年8月第1版 2019年8月第1次印刷
印数：1—1,500
ISBN 978－7－5325-9273-9

K·2670 定价：198.00 元

如有质量问题，请与承印公司联系

《莒南县博物馆青铜器选粹》编委会

　　《莒南县博物馆青铜器选粹》这本书收入了近一百五十件不同历史时期的青铜器。一个县级博物馆能收藏这么多青铜器，一方面缘于莒南青铜文化源远流长，另一方面也赖于莒南县博物馆的领导与专业人员对展示莒南悠久历史的文物之珍爱，充分体现了他们对博物馆事业的高度责任心。

　　在这些青铜器中，属于先秦的青铜器占了绝大多数，请允许我依时间顺序，扼要谈一下我对其中部分器物的学术价值及相关问题的认识。

　　本书中收入了1958年同出于虎园水库的两件商器，即一件觚与一件爵。在商墓中，觚与爵常相伴而出，特别是在商后期墓中，二者还常保持数量相等的关系，这是从事商周考古与青铜器研究的学者都熟知的。但本书此觚（口沿有残）体形较粗，腹壁曲率小，中腰（亦即下腹部）不鼓出，饰有上下框以圆圈纹带的单线条上卷尾饕餮纹，应归属商前期，似不晚于二里岗上层偏早。而这件三弦纹爵，形制已到商后期，双柱紧靠流，似不晚于商后期中叶。这样看，此两件器物虽符合商墓中觚爵相配的组合，但二者年代有差别，固然有年代较早的器物存留于后世随葬的情况，但也存在此二器并非出于同一墓的可能。同一地点有分属商前期、后期的铜器出土，是否意味着此地点有年代延续较长的商墓地？如果有，那就是商文化在鲁南区域较靠东的地点了，这是今后值得注意的。

　　此外，1975年出土于临沭县北沟头遗址的一件直内长条援戈，亦属商后期戈的形制，惟不知与其同出的还有什么器物，此地是否有商后期遗存亦需要调查。

　　这批器物中，可知属于西周的铜器不多，仅有本书称作"扉棱鼎"的那件圆腹盆鼎，其腹部最大径靠下，三柱足矮且较细，腹壁有三条不规整的窄扉棱，对应的三足外侧亦有窄扉棱，铸造不精。较典型的西周铜器于莒南罕见，似说明鲁东南地区不像鲁北、鲁南及鲁东地区有较多的西周文化遗存，西周时周人的政治势力似未及此区域。

春秋时的青铜器在莒南出土较多，其中较重要的是2004年5月出土于十字路街道中刘山村东北墓中的一组器物。收入本书的有鼎三、鬲三、钫一、盘一，仍具有食、酒、水器的组合构成，此外，还有削两件。

其中，在本书中称为"窃曲纹鼎"的盆形腹鼎，腹较浅，圜底，两立耳稍外撇，上腹部饰一周粗犷的中目形窃曲纹，其下近于腹中部而稍靠下有一周凸弦纹，三粗蹄足之足根部饰有兽首与近于"山"字形的扉棱，其形制特征与2001—2002年发掘的沂源姑子坪M1出土的鼎（M1∶1）相近，该墓年代为春秋早期中叶，很可能属于莒墓[1]。中刘山村此墓所出另一件鼎，在本书中称为"波带纹鼎"，腹壁较直向下微垂，最大径在下腹部，双立耳微外侈，三粗蹄足下部外撇，足根部亦有扉棱兽面，鼎腹部饰波带纹，口沿下饰重环纹。此鼎形制特异，但其足部形制（特别是足根扉棱）与上一鼎近同，鼎腹部的波带纹近于属春秋早期的莒县西大庄M1出土壶，其年代亦应已入春秋早期。其三足外撇的特征，在鲁东南地区春秋墓中出土的鼎，如海阳嘴子前M1、枣庄徐楼春秋墓及郯城大埠二村墓出土的鼎上都可以见到[2]。但海阳嘴子前M1属春秋中期，徐楼与郯城大埠二村墓已到春秋晚期，中刘山村此三足外撇鼎出现得更早，对于追寻鲁东南地区出土的外撇足鼎与具有这种鼎足特征的越式、吴式鼎的关系有参考价值。此墓出土的匜形鼎，圆腹，高蹄足，兽头形流口，流、錾中间的口沿上立双环耳，同形器出土于上引春秋早中期的临沂汤河镇中洽沟墓地，此外还出土于沂水李家庄。沂水李家庄器组中与此匜形鼎同出的器物也有莒器特征，属春秋早、中期之际。此型匜形鼎亦可视为莒器中有特征的器物。

中刘山村墓所出的三件鬲，皆圆唇，口沿外折，无颈，微耸肩，高圆裆，三较瘦长的袋足，外壁斜内收，细足根，两件作平足底，一件作尖足底。这种大跨度高裆细足根的鬲，在属春秋早期的莒县西大庄M1、春秋早中期之际的临沂汤河镇中洽沟墓、春秋中期的沂水刘家店子M1诸墓中均有出土。以上诸墓均可归属莒墓。此型鬲应是春秋莒器中有区域特征的器物。

此墓出土的方钫，有带小半环提手的薄半盖，上腹部侧生双半环耳，其形制在邻近地区的莒墓中较少见到，但钫在鲁北与鲁南春秋青铜器中较多见。

[1] 详拙著：《中国青铜器综论》（下），上海古籍出版社，2009年，第1706—1708页。
[2] 烟台市博物馆、海阳市博物馆：《海阳嘴子前》，齐鲁书社，2002年；枣庄市博物馆、枣庄市文物管理委员会办公室、峄城区文广新局：《枣庄市峄城徐楼东周墓葬发掘报告》，《海岱考古》（第七辑），科学出版社，2014年；山东省文物考古研究所、临沂市文物管理委员会、郯城县文物管理所：《郯城县大埠二村遗址发掘报告》，《海岱考古》（第四辑），科学出版社，2011年。

墓中出土的盘,腹较深,双半环耳上端略高于盘口沿,腹下接较高的圈足,仍具有不晚于春秋早期的形制特征。

从上述器物形制分析可知,中刘山村墓出土青铜器多具春秋早期形制,且纹饰未见春秋中期流行的蟠螭纹,应属春秋早期的莒墓。现藏于莒南县博物馆的这组青铜器,是研究莒国青铜文化的重要资料,尤为珍贵。

莒南馆藏的春秋铜器中,还应该提到一件扁圆罐形腹的提梁盉(笔者为区分水器盉,从容庚先生说称之为"镳"),上、中腹部饰有细密成排的S形小龙纹,已属蟠螭纹的变形,其造型与提梁上、腹后部及流口处的透雕附饰均近同于属春秋晚期的镇江谏壁王家山墓出土的同形器,惟腹部更扁鼓。与此器相近的还有属战国早期的固始侯古堆M1出土的提梁盉。因此这件盉的年代,或许也当在春战之际,有可能来自南部的楚或吴文化区,是春战之际南方吴、楚先后北上鲁南、鲁东南留下的遗存。

过去曾被称为"舟形器"的铜是海岱地区春秋时期最常见的酒器,莒南馆藏铜有若干件,形制多变,为认识该地区铜的形制特征提供了丰富的资料。按形制,这些铜中较主要的器形,大致可分为以下几型:

A型:口近直,口沿微侈,圆鼓腹,单半环耳(如出土于陡山水库的"绚纹铜"及本书所称之"窃曲纹铜"),与耳对应的侧腹中部微内凹,腹外壁近底部及与錾相对一侧腹部或饰弦纹,口长径略大于底长径,形近于属春秋早期的莒县西大庄M1出土的铜。

B型:窄口沿外折,短颈微束,腹较浅,单环耳,口与底长径相近(如出土于岭泉镇彭家墩后村的"垂鳞纹铜"与2001年出土于坪上镇大山空村的"素面铜"),腹长径方向外壁或有一小半环钮,属春秋中期的沂水刘家店子M1出土的铜形近于此型。

C型:微侈口,束颈,折肩,鼓腹,下腹部内收成底,口长径大于底长径,双宽环耳。有盖(束颈部成为子口),圆顶隆起,顶作四环钮(如1981年出土于洙边镇曾家沟村南的"龙纹铜"、1973年出土于坊前镇岔河村的"菱形纹盖铜"及书中所称"四钮盖铜"),此型铜近于属春秋晚期的莒南大店老龙腰莒国大墓M1出土的铜。

D型:窄口沿外折,短颈微束,腹极深而圆鼓,宽半环耳,口、底长径约等长(如1976年出土于坪上镇中峪子村西工地的"素面铜")。

这里还想提及莒南青铜器中1975年出土于大店老龙腰、属春秋晚期偏晚的莒国大墓M1的一套钮钟。这套钮钟体形瘦长,两铣尖锐,口沿内凹弧度较大,枚长而尖锐,中鼓部饰变形的宽体蟠螭纹,体躯中夹杂有雷纹,末端作粟点状。共九件一套,与年代较早、不晚于春秋晚期中叶的大店M2出土的籩(莒)叔之中子编钟数量相等。1977年沂水刘家店子春秋早期墓中出土的陈大丧史仲高铃钟，也是一套九件。春秋晚期时不仅是鲁南地区，晋、楚等国的编钟也多数是九件一套。如侯马上马村M13、淅川下寺M1所出编钟，均合此数量关系。由此可知，春秋晚期时不同地理区域的乐器发展水平已近于同步。从莒南馆藏的这套编钟，可以得见莒国礼乐文化之一斑。

莒南青铜器上的纹饰也有颇引人注目的，如2001年坪上大山空村出土的鬲，其形制与上举中刘山村莒墓中的鬲有所不同，平折沿，方唇，虽亦高裆，瘦长足，但足底宽平，腹部饰有六个圆饼状凸起，上有作盘旋状的变形鸟纹，围绕圆饼状凸起饰有勾卷的变形龙纹，两侧还有对称独立的上卷唇的龙首，下有断开的身躯。纹饰布局复杂而奇特，带有其他地区少见的浓厚的区域性。

这批器物中，属于战国时期的两件有铭兵器，亦值得专门介绍[1]。1984年出土于莒南涝坡镇城子遗址的"左徒戈"，直内，圆尾，长援微上翘，短胡一穿，靠近援本上方有一半圆形穿，有下阑。援与短胡相接部位有铸铭"左徒戈"三字。从目前发现的有铭兵器可知，"徒戈"之称见于战国时齐戈，所以这件戈也应是齐国兵器。1977年山东蒙阴高都唐家峪曾出有"平阿左造徒戟"，"左"应是负责铸造兵器的机构"左库"的省称，"徒戟"说明其是归徒兵即步兵使用的戟。此"左徒戈"从形制看，似应归入战国早期。

莒南馆藏另一件有铭兵器，是1985年入藏的从枣庄市回收的一件铍，铍身已残，缺前段。在平脊上刻有铭文21字（含合文三），铭曰"七年得工啬夫杢相女（如），左得工工师韩段、冶胥（尹）朝执齐"，"得工"是战国时赵国的工官机构，"啬夫"是此机构负责官员之称，"左得工"是"得工"内所分左、右两部之左部。铭末言"执齐"也是赵国兵器铭中常见的。铭文中具列"得工啬夫""左得工工师""冶尹"，构成三级工官结构，是战国时官府手工业管理严格的体现。这件铍为研究战国时官府手工业组成与赵国兵器铭文提供了重要的资料。

莒南馆藏青铜器相当丰富且有特色，上面未能举出者尚多，此即不再赘述。在这些青铜器中，以春秋时期莒国的青铜器为主。莒国是所谓的东夷，兴盛于春秋时期，公元前431年（即战国早期中叶）为楚所灭。鲁东及鲁南地区，在春秋及战国时有若干小国，其中多数属于东夷，虽地域邻近或相接，但文化面貌仍各有特色。到战国时期，东夷文化又先后与楚文化、齐文化接触。鲁南、鲁东南地区的所谓东夷文化与周文化等多种文化的相互融合、发展，缩影般地反映了中华文化形成的过程，对东夷文化的深入研究有重要的

---

[1] 此两件兵器曾见于李锦山所撰《鲁南出土两件铭文铜器》一文，刊于《考古》1985年第5期。

学术意义。莒南馆藏青铜器为深入了解东夷文化的类型及地域分布提供了相当重要的资料。

近年来，山东各市区县的考古文物工作者，在省考古研究院的支持与组织下，开展过多次区域性的青铜文化研讨活动，在整理、研究各地出土青铜器方面也做了大量工作。这部介绍莒南县馆藏青铜器的书，是这些工作所取得的诸多重要成果之一。

在此书即将付梓之际，莒南县博物馆张文存馆长嘱我为之作一序言，因是初次看到这批资料，未能作更多、更细致的研究，以上所言未必正确，不当之处希望得到莒南县博物馆与学界诸位方家的指正。

朱凤瀚

2019年5月28日

前　言

——解读文物、阐释历史与传承文化

　　《莒南县博物馆青铜器选粹》即将出版，张文存馆长委托我向读者介绍青铜器和莒南县有关情况，赋为前言。回想与莒南县博物馆结缘的20多年，数次去莒南考察学习，2007年还主持发掘了东上涧春秋大墓，在田野调查发掘、资料整理、观摩学习文物标本及日常往来交流的过程中，我深深地爱上了这片热土。此间的山水草木、此地的风土人情，以及莒地悠久的传统文化，激发了我从事莒文化、鲁东南地区商代考古学文化和商周青铜器研究的兴趣与热情。还有对文博人友谊与情怀的理解、对基层文物事业发展的感悟，这一切都促进并伴随我的成长与进步，感谢莒南、感谢莒南县博物馆同仁。

一

　　近几年来，青铜器研究方兴未艾。原因可归纳为以下几点：青铜器是文物藏品中的重要类别，数量多、价值高，蕴含的传统文化信息量大；青铜器出土数量越来越多，多为重要发现；社会公众对考古发现、博物馆、历史与文化的关注度越来越高；青铜器保护修复、青铜器展览、青铜器课程、青铜器研究工作如火如荼；青铜器图录、著述出版蓬勃发展。另外，我们以编纂《中国出土青铜器全集·山东卷》和《山东文物大系·青铜器卷》为契机，依托全省文博单位开展青铜器研究工作：2015—2018年连续举办召开了"青铜器与山东古国""保护与传承视野下的鲁文化""传承与创新：考古学视野下的齐文化""青铜器、金文与齐鲁文化"等全国性学术会议，并陆续出版有关文集。一系列学术研究和相关业务活动，影响、带动和促进了我省青铜器的学习与研究。

莒南县博物馆于2017年、2019年两度举办青铜器专题展，即是很好的实践，积极谋划出版《莒南县博物馆青铜器选粹》更是锦上添花之举。联系文物摄影专业团队、聘请拓片捶拓高手，山东省文物考古研究院、山东博物馆专业人员参与校对文字描述，专家确定青铜器名称和年代，著名青铜器专家撰写序言等，无不彰显出编著者对本书的高标准与严要求。

二

《莒南县博物馆青铜器选粹》针对莒南县博物馆藏青铜器的特点，按照具有重要学术价值、典型时代特征、区域文化特色和品相较好的基本原则选录了近150件青铜器，包括商周时期60件（其中商代3件、西周1件、东周56件），汉代40件，唐至清代46件。莒南县馆藏青铜器以东周时期最为丰富，春秋时期礼乐器为重，战国时期剑和戈最多，个别见有锛、削等工具和车马器；春秋时期炊食器主要有鼎、鬲、敦、舟、钵等，酒器有瓠形壶、钫、提梁盉，盥洗器有盘、匜，乐器有钮钟，兵器年代多为春秋晚期和战国时期，主要有戈、剑、矛、铍、镞等。汉代青铜器以铜镜、杂器（带钩、印章、灯、薰炉等）为主，也有个别容器（鼎、鍪、魁）。唐代青铜器主要是典型的葡萄纹镜、双鸾花鸟镜、仙人鸟兽镜、雀绕花枝镜、四禽鸟花枝镜；宋代青铜器主要是典型的四花镜、亚字形花卉镜、四蝶柿蒂纹镜、湖州真石念二叔镜；金代青铜器主要是典型的人物故事镜、仙鹤人物镜、许由巢父镜、双鲤镜、五婴持花镜、大定通宝钱镜、山东东路花枝镜；元代青铜器有印章、权（铭文）；明代以宣德炉最为典型，铜镜有为善最乐镜、五子登科镜、状元及第镜、龙凤呈祥镜，青铜造像有释迦牟尼、文殊菩萨、罗汉、观音、文昌、关公等，明代鎏金带扣甚为精美；清代主要有仿商代的方鼎、爵和仿明代的宣德炉。

三

我于2007年主持发掘莒南县东上涧春秋大墓期间，曾到县博物馆文物库房考察学习，在橱柜内发现了1958年修建虎园水库时出土的一件中商早段的青铜瓿和一件中商晚期的青铜爵。这两件出土于沭河以东的商代青铜器引起了我的关注（当时学术界一般认为商王朝势力没有到达鲁东南地区东部），随后在检索馆藏陶器标本过程中，又发现两处遗址（位于沭河以西的汀水镇墩后遗址和位于沭河以东的板泉镇王家坊庄遗址）出土商文化陶鬲足、盆、簋口沿等，属典型商文化遗物，约为殷墟一或二期。这些发现使我产生了对鲁东南地区商代考古学文化进行研究的想法，之后我对相关县区博物馆、文管所的商代文物标本进行了调查研究，发现众多的商文化、珍珠门文化遗存[1]，填补了山东地区商代考古学文化研究的空白。鲁东南地区商文化遗存的发现，证明了商王朝对东夷的征伐[2]，说明至少在中商至晚商前段，商王朝已经扩张到东夷文化腹地，向东越过沭河或达滨海地区，至商代末期商王朝已经牢牢控制了鲁东南地区，这对研究考古学文化及其融合具有重要学术价值。

莒南周代文化遗存丰富，以往发表的资料中有1978年发掘的莒南大店镇老龙腰、花园两座春秋大墓，2007年发掘的文疃镇东上涧两座春秋大墓，2011年抢救清理的大店镇后官庄春秋末期大墓；文物库房存有抢救清理的中刘山、卢范大庄、高涧、大山空等多处春秋时期贵族墓的文物标本，还有诸多其他地点出土的青铜器和陶器标本，极大地丰富了莒文化的内涵，证明莒南地区是莒文化分布的核心区域之一，亦是早期莒文化的起源地之一，集中了春秋晚期诸多属小诸侯国国君级别的墓葬。青铜器（鬲、瓠形壶、匜形鼎、铘等）的种类、组合、器型、纹样等也体现了莒文化和东土青铜器的特点，还有楚系青铜器（鼎）、吴国青铜器（钵）、越国印纹硬陶等文化因素[3]。考古发现表明战国中晚期以后莒南属齐国莒邑，沭河谷地是战争频发的地理交通干道，文献记载的魏国与齐国著名的马陵之战的地点就在莒南县西南的郯城县（有马陵之战的地点在郯城县马陵山一带的观点），莒南县博物馆藏赵国青铜铍、郯城县出土郤氏戈等，或可证明赵国、魏国等与齐国在鲁东南地区争霸的史实。

莒南地区出土的大量两汉时期青铜器，表明莒南在汉代是重要的行政管辖区和富裕地区，证明了汉代青铜器的普遍性——已经转变为以贵族和富裕人家日常生活用器为主，这对研究汉代鲁东南地区的历史、习俗和文化传统具有重要意义。唐、金、元时期出土了较多的铜镜、印章和权等，证明莒南一带社会持续繁荣发展。明代的鎏金带扣代表

[1] 刘延常、赵国靖、刘桂峰：《鲁东南地区商代文化遗存调查与研究》，《东方考古》（第11集），科学出版社，2015年。
[2] 刘延常：《从鲁东南地区商文化遗存的发现谈商人东征》，《中华之源与嵩山文明研究》（第三辑），科学出版社，2017年。
[3] 刘延常：《莒文化解读——一种文化发展模式的思考》，《李下蹊华——庆祝李伯谦先生八十华诞论文集》，科学出版社，2017年；刘延常、张文存、张子晓：《莒文化新发现及相关认识与思考》，《青铜器与山东古国学术研讨会论文集》，上海古籍出版社，2017年；刘延常、徐倩倩：《西周晚期至春秋早期山东地区东土青铜器群的转变与传承》，《青铜器与金文》（第一辑），上海古籍出版社，2017年。

了主人的身份较高,吉言善事等铭文铜镜、宣德炉和多种造像等都表明了莒南一带儒学、道家、佛教等文化的多样性和包容性。清代仿商青铜器的出现,证明金石学风气、礼制文明延续的复兴现象在莒南一带盛行。

四

莒南1941年建县,因位于莒县以南而得名,隶属山东省临沂市。地处鲁东南地区,北接莒县和沂南县、南连临沭县和江苏省赣榆区、东临日照市东港区、西靠临沂市河东区,2010年莒南县东南部的四个乡镇划归临沂临港经济开发区。莒南境内山地、丘陵、平原面积大致相当,东部是山地,部分河流直接入海,沭河自北而南穿过县境西部,其东部的支流较多。莒南地形多样,河流众多,东部距离黄海不远,气候适宜,是人类繁衍生息的理想之地,保存了丰富的文化遗存。目前,莒南县发现不可移动文物保护单位及文物点400多处,可移动文物42 000余件,是文化遗产的富矿区,位于大店镇的山东省政府旧址和八路军115师司令部旧址蜚声省内外。

考古发掘工作期间,我们多次参观莒南县博物馆文物库房,与博物馆专业人员一起将几十年来采集的文物标本进行了整理,确定了各文物点的年代并具体分析其文化特征。通过考察、分析文物标本,我们对莒南的考古学文化面貌有了基本认识,也发现了许多重要的学术研究线索。

从采集的陶器标本看,莒南县域内龙山文化最为丰富,结合遗址面积和地形地势分析,龙山文化时期应有7个大的中心聚落群:一是以莒南北部大店镇薛家窑遗址为中心,二是以莒南东部朱芦镇址坊遗址为中心,三是以莒南东南部团林镇前沙沟为中心,四是以莒南南部洙边镇西夹河遗址为中心,五是以莒南西部岭泉镇殷家庄为中心,六是以莒南中部化家庙为中心,七是以莒南西北部石莲子镇墩后为中心。这说明沭河中游流域以东地区龙山文化比较繁荣,与滨海地区连接成片,且龙山文化遗存以早、中期最为丰富,为该地区龙山文化聚落与社会研究提供了丰富的资料。

在莒南西南部沭河东岸的王家坊庄遗址采集的陶片中,我们发现了珍珠门文化陶器标本:一件矮圈足罐底残片,为夹砂素面红褐陶;一件高圈足簋足残片,为夹砂素面褐陶。这两件陶器残片的陶质、陶色、器形均与潍坊会泉庄遗址出土的同类器物一致,属珍珠门文化范畴,这在鲁东南地区是首次发现,填补了该区域的研究空白,为我们后来调查研究鲁东南地区商代考古学文化遗存提供了线索与思路。

启示与思考

博物馆与文物管理所,两块牌子一班人马,文物管理、执法、收藏、保管、研究、展示等工作任务均由这十几个人来负责,要干好,并且在许多方面位列全市乃至全省前列,实属不易。

基础工作实,样样精。不可移动文物工作主要是野外文物调查、文物单位登记、"四有"工作管理、执法检查、配合上级业务部门开展考古工作;可移动文物工作主要包括管理、收藏、保管、保护、研究、展示等。莒南文管所的基础工作扎实,有口皆碑,如在第三次全国不可移动文物普查和第一次全国可移动文物普查工作中均被评为山东省先进集体,建立文物标本室(陶片标本分别盛放在300余小竹筐内,按照乡镇和文物点上架保存保管),对青铜器等文物进行保护修复(积极争取项目,聘请专业单位进行保护和修复,既解决了有害锈等病害对青铜器的侵害,也方便向社会展示青铜器的价值),及时聘请专业人员对发掘的东上涧春秋大墓、后官庄大墓出土陶器和抢救清理的中刘山春秋大墓出土陶器等进行了修复(既能够将文物展出,还培养了专业人员的技能)。系列工作的开展,既保护了文物,又促进了文物和考古学文化研究,基本搞清了莒南县的文化与历史。

出人才,出成果。尽管工作任务繁忙、人员少,莒南县博物馆馆长依然积极争取上级文物管理部门和业务部门的支持,安排人员参加考古调查、勘探、发掘、业务培训、挂职学习。省文物考古研究院到莒南县境内开展青(州)临(沭)高速考古调查、勘探时,他们尽量安排多人配合,车辆不够自己解决,主要目的是学习业务;在相邻的临沭县发掘东盘遗址时,安排两名业务骨干参加发掘工作70余天。积极争取学习培训人员名额,前后安排一人到山东省文物考古研究院、两人到山东博物馆分别挂职学习一年。鼓励、组织大家到省内外的考古工地和博物馆参观,开展业务学习与交流;鼓励大家撰写发表文章,2014年出版了资料齐全的《莒南文物志》[1]。莒南县博物馆(文物管理所)连年数次荣获省、市级文物先进集体称号,诸多工作走在全省前列,对做好基层文博工作具有很大的启示和借鉴意义。

近些年我们总结文博工作一些好的做法,如"保护是职责、研究是灵魂、人才队伍

---

[1]　张文存编著:《莒南文物志》,青岛出版社,2014年。

是关键、惠及民众是目的""通过工作走成亲戚、交成朋友""建设学习型单位,实现个人价值与社会价值的统一"等许多经验,就是从莒南县博物馆的众多工作做法中提炼出来的。基层博物馆是传播文化知识、弘扬优秀传统文化的阵地,是"弘扬主旋律、传播正能量"的阵地,是进行爱国主义和社会主义核心价值观教育的阵地,文博人应该利用好文物藏品和博物馆平台,发挥好文物对挖掘、研究、阐发、弘扬和传承优秀传统文化的独特作用。

莒南县历史文化遗产丰富,中华优秀传统文化源远流长,革命文化底蕴深厚,社会主义先进文化繁荣发展。莒南县博物馆在积极践行"不忘初心、牢记使命"的主题教育活动中,解读文物、阐释历史、传承文化,凝聚文化自豪、坚定文化自信、激发文化自觉,为当代经济文化社会发展贡献文博人的力量。莒南文物事业的未来值得期待!

刘延常

二〇一九年六月

目　录

第一部分

商周青铜器

001 | 西周
扉棱鼎 | 通高21、口径17.5厘米

　　窄折沿，垂腹，圜底，两立耳，三柱足。腹部饰极简化兽面纹带，仅圆目凸出、短扉棱为鼻，腹部三条不规整的窄扉棱与三足外侧的窄扉棱相对应。锈蚀严重。

002
重环纹鼎

春秋早期
通高23、口径23.2厘米

1959年出土于十字路街道虎园村南。

方唇,窄平沿,浅腹,圜底,立耳外撇,三蹄形足。腹部饰一周重环纹,下有一周凸棱。

003　波带纹鼎

春秋

通高27.8、口径26.6
厘米

2004年出土于十字路街道中刘山村东北墓中。

方唇，窄平沿，直腹，圜底，两立耳外撇，三蹄形足。腹部饰波带纹，口沿下饰重环纹。足根饰兽面纹，有扉棱。

004 | 春秋
窃曲纹鼎 | 通高23、口径24厘米

方唇,窄平沿,浅腹,圜底,立耳外撇,三蹄形足。腹部饰一周窃曲纹。

腹部纹饰

足根纹饰

005
窃曲纹鼎

春秋
通高28.1、口径37.2厘米

2004年出土于十字路街道中刘山村东北墓中。

厚方唇,窄平沿,浅腹,圜底,两立耳外撇。上腹部饰一周中目形窃曲纹,腹中部稍靠下有一周凸弦纹。三粗蹄足,足根部饰兽首与近于"山"字形的扉棱。

006
卷龙纹鼎

春秋
通高30.8、口径35.5厘米

1982年出土于涝坡镇卢范大庄村南。

方唇,窄平沿,浅腹,圜底,两立耳微外撇,三蹄形足。上腹部饰一周卷龙纹,足根饰兽面纹,有扉棱。

007　匜形鼎

春秋

通高20.4、口径23.6

厘米

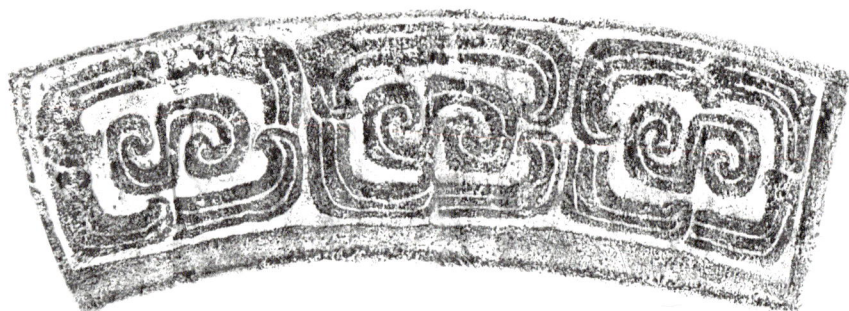

2004年出土于十字路街道中刘山村东北墓中。

整体呈圆形。方唇，平折沿，弧腹下收，圜底，三牛蹄足。兽首形管状流，龙形鋬，流、鋬中间的口沿上立双环耳。腹部饰一周窃曲纹，下有一周凸棱。

肩部纹饰

腹部纹饰

008
兽面纹鬲

春秋早期
通高21.4、口径25.3厘米

2001年出土于坪上镇大山空村。

方唇,平折沿,束颈,鼓腹,高裆,瘦长锥形足,宽平足底。腹部饰有六个圆饼状凸起,上有作盘旋状的变形鸟纹,围绕圆饼状凸起饰有勾卷的变形龙纹,两侧有对称独立的上卷唇的龙首,下有断开的身躯。

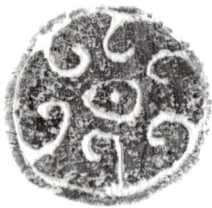

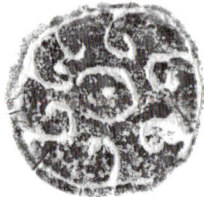

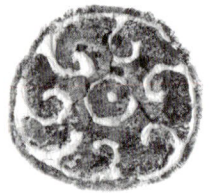

009　涡纹鬲

春秋
通高22.8、口径25.3厘米

2004年出土于十字路街道中刘山村东北墓中。

圆唇，口沿外折，微耸肩，高弧裆，三瘦长袋足，外壁斜内收，实足，细足根，平足底。肩部饰一周涡纹。

010
素面鬲

春秋
通高12.2、口径16.6厘米

2004年出土于十字路街道中刘山村东北墓中。

圆唇，口沿外折，微耸肩，高弧裆，三较瘦长袋足，外壁斜内收，细足根，尖足底。

011 | 春秋
重环纹鬲 | 通高17.3、口径17.4厘米

1983年春出土于十字路街道东埠砖厂。

方唇，折沿，束颈，圆肩，鼓腹，弧裆较高，瘦长袋足，平足底。肩部饰一周重环纹。

012　窃曲纹鬲

春秋

通高15.9、口径18.6厘米

2004年出土于十字路街道中刘山村东北墓中。

圆唇，平折沿，束颈，圆肩，鼓腹，弧裆较高，瘦长袋足，实足根。肩部饰一周窃曲纹。

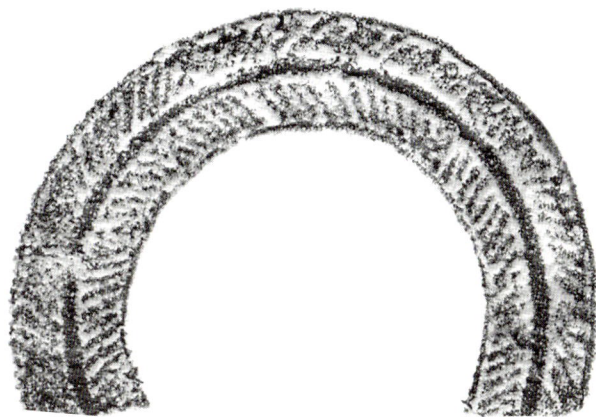

耳、钮纹饰

盖部纹饰

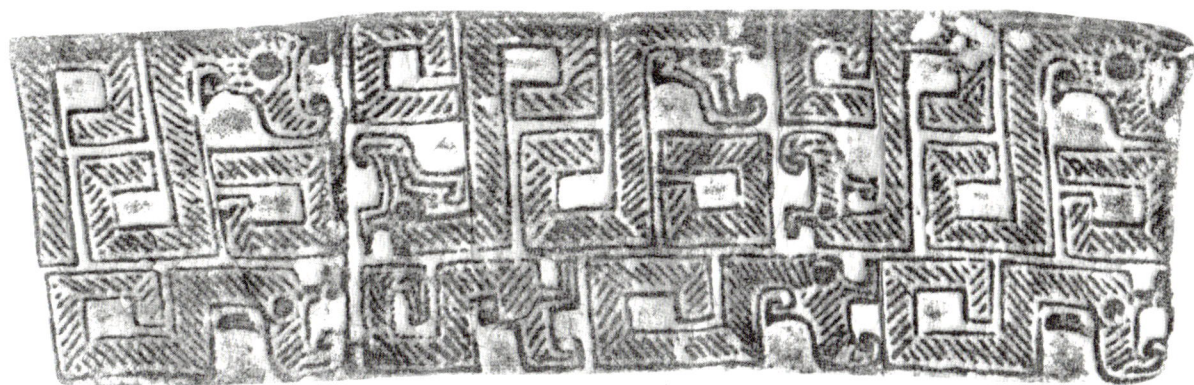

腹部纹饰

013
蟠螭纹敦

春秋

通高18、底径15厘米

出土于坊前镇岳河村。

器盖合成扁椭圆形。器敛口作子口，腹稍鼓，平底，双环耳。盖作圜顶，盖沿作母口，盖下部有与器相对应的两环耳，盖顶另有三环钮。器上腹部、盖沿各饰一周蟠螭纹，耳及钮上饰斜线纹。

014
蟠螭纹敦

春秋
通高17、口径21厘米

出土于坊前镇岳河村。

器盖合成扁椭圆形。器敛口作子口，下腹内收成平底，双环耳，腹部饰一周蟠螭纹。盖作圜顶，盖沿作母口，盖上有三环钮。

015 | 春秋晚期
素面钵 | 通高10.2、口径20厘米

圆唇,敛口,浅鼓腹,平底。素面。

016
绚纹铞

春秋

通高9.3、口长13、口宽9.5厘米

出土于陡山水库。

微侈口，束颈，鼓腹，平底，单环耳。下腹部饰一周绚纹，环耳对侧腹部稍内凹，饰一道竖直绚纹。

017
绹纹铆

春秋
通高9、口长12.8、口宽10.5厘米

1983年出土于柳沟乡卢范大庄墓。

侈口,微束颈,鼓腹,平底,一侧有单环耳。腹底处有一周绹纹,耳侧有两道弦纹。

018 | 春秋
素面铷 | 通高8.5、口长12.5、口宽9厘米

圆唇，窄折沿，束颈，鼓腹，腹壁圆曲内收成平底。腹中部有对称两环耳，肩下有对称两环钮。

019　垂鳞纹铞

春秋

通高7.5、口长13.2、
口宽10.6厘米

出土于岭泉镇彭家墩后村。

椭圆体。侈口，窄折沿，束颈，浅鼓腹，平底。腹部较长的一侧有单环耳，短的一侧有小环钮。腹部上饰垂鳞纹；下饰三角形纹，内填云纹。

020 | 春秋晚期
素面铫 | 通高4、口长8.5、口宽14.4厘米

2001年出土于坪上镇大山空村。

微侈口，束颈，鼓腹，平底。单侧环耳，环耳处腹部稍凹。素面。

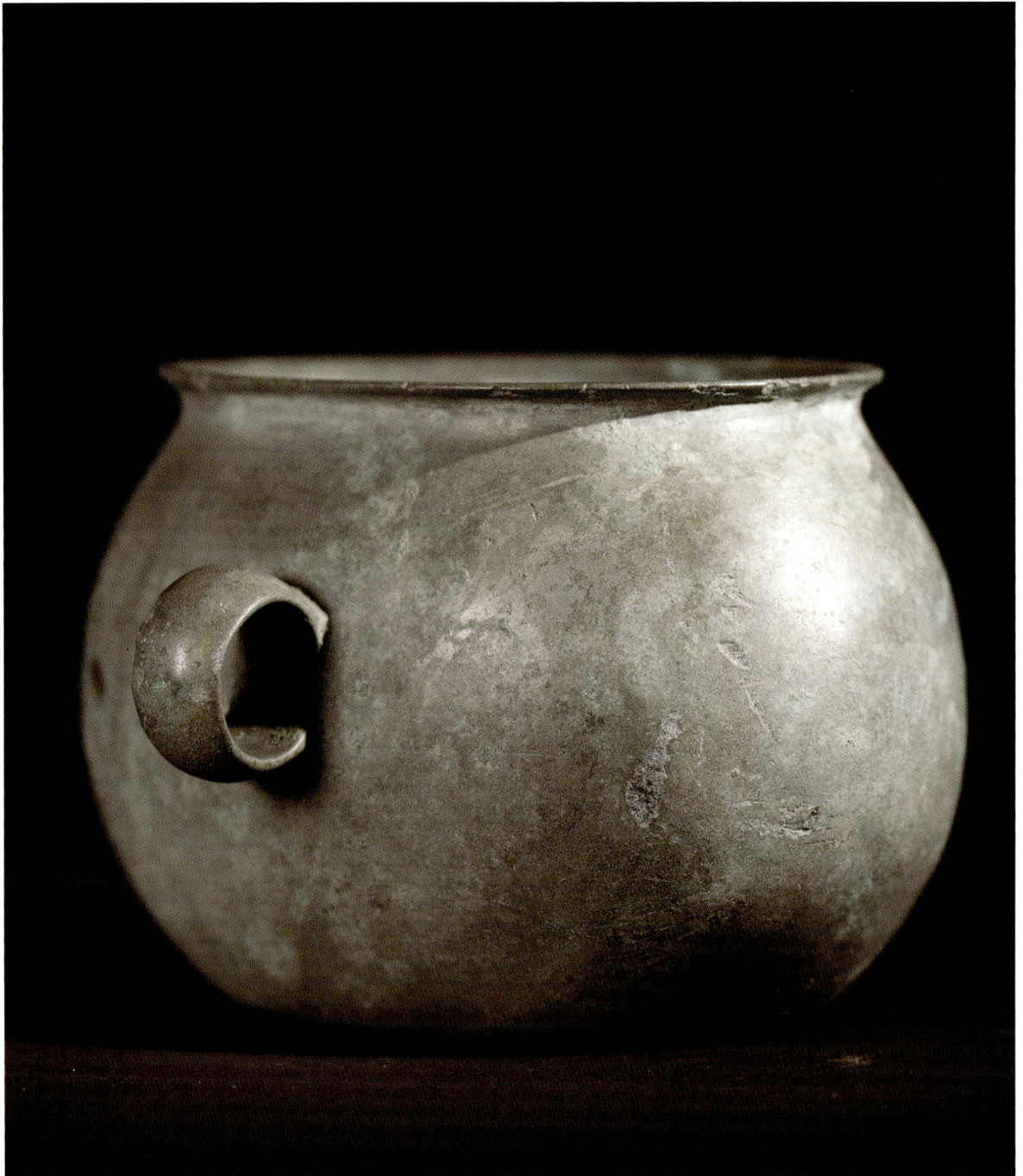

021　　|　春秋晚期

素面铫　　通高9.5、口长12、口宽8.9厘米

1976年出土于坪上镇中峪子村西工地。

微侈口，短颈，深鼓腹，平底。单侧环耳。素面。

022
窃曲纹钵

春秋晚期
通高9.5、口长14、口宽11厘米

器口略呈椭圆形,微侈口,束颈,鼓腹,平底。腹部一侧有一环耳,与耳对应的腹部稍内凹。上腹部饰一周窃曲纹。

内底部纹饰

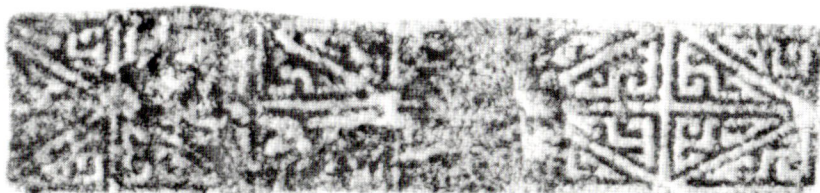

耳部纹饰

023
龙纹铞

战国

通高5.4、口长12.3、

口宽9.5厘米

1981年出土于洙边镇曾家沟村南。

椭圆方体。子母口，腹下收，假圈足，平底。双环耳，两面对称，上有几何云雷纹。内底饰一条龙纹，龙身为雷纹及云纹。缺盖。

钮部纹饰

耳部纹饰

腹部纹饰

024
菱形纹盖铷

战国

通高12、长18、宽15厘米

1973年出土于坊前镇岔河村。

椭圆方体。器敛口作子口,下腹内收作假圈足状,平底,双环耳。圜顶盖,盖沿下折作母口,盖上有四环钮。腹部饰一周菱纹,内填云纹;环耳上饰蟠螭纹;盖饰一周菱形纹,盖钮饰斜线纹。

025
四钮盖铷

战国
通高14、口长17.5、口宽14厘米

　　椭圆方体,有盖。器敛口作子口,下腹内收成假圈足。双环耳,耳饰云雷纹。盖作圜顶,盖沿下折作母口,盖上有四环钮,钮上饰叶脉纹。

026
四钮盖铜

战国

通高14、长20厘米

　　椭圆方体。器敛口作子口，下腹内收作假圈足状。两侧饰对称环耳，耳饰几何纹。圜顶盖，盖沿下折作母口，盖上有四环钮，钮上饰叶脉纹。

027
兽面纹觚

商

通高15、残口径7厘米

1958年出土于虎园水库。

敞口，粗柄，喇叭形圈足。下腹部饰有上下框以圆圈纹带的单线条上卷尾饕餮纹。圈足有镂孔。口部残缺。

028
弦纹爵

商

通高13.5、口径6厘米

1958年出土于虎园水库。

敞口,尖尾,短流,深腹,圜底,三足外撇。腹部有一素面条鋬,与一足相对应。流、口结合处有两柱,带圆帽。

029

提链壶

春秋

通高33、口径9.8厘米

　　口微敞，束颈，圆腹，矮圈足。腹部有两钮，一为环形钮，一为桥形钮。颈部有一环形钮，位于腹部两钮中部。颈部与腹部的环形钮之间有提梁，中为弓形，两侧分别为8字形环与颈部、腹部的环形钮相连。

030 | 春秋
瓠形壶 | 通高29、口径7.5厘米

1981年春出土于十字路街道尤家庄子村。

整体呈瓠形。壶口微侈，侧颈鼓腹，矮圈足，一侧有两节环扣提梁。肩饰蟠螭纹，腹饰垂鳞纹，圈足饰绚纹。

031
窃曲纹铜钮

春秋
通高15.4、口径5.5厘米

　　2004年出土于十字路街道中刘山村东北墓中。

　　扁方体，口、底的横截面均为方形。小口、短颈、鼓腹、平底，上腹部侧生双半环耳。薄平盖，盖上带小半环捉手。肩部饰一周窃曲纹。

032 | 战国
提梁盉 | 通高17、口径11.5厘米

　　小直口作子口,扁圆腹,下附三蹄形足。上腹部有流,上、中腹部饰有细密成排的S形小龙纹。曲喙,肩上有提梁,腹一侧有镂空錾。平顶盖,盖沿下折作母口。

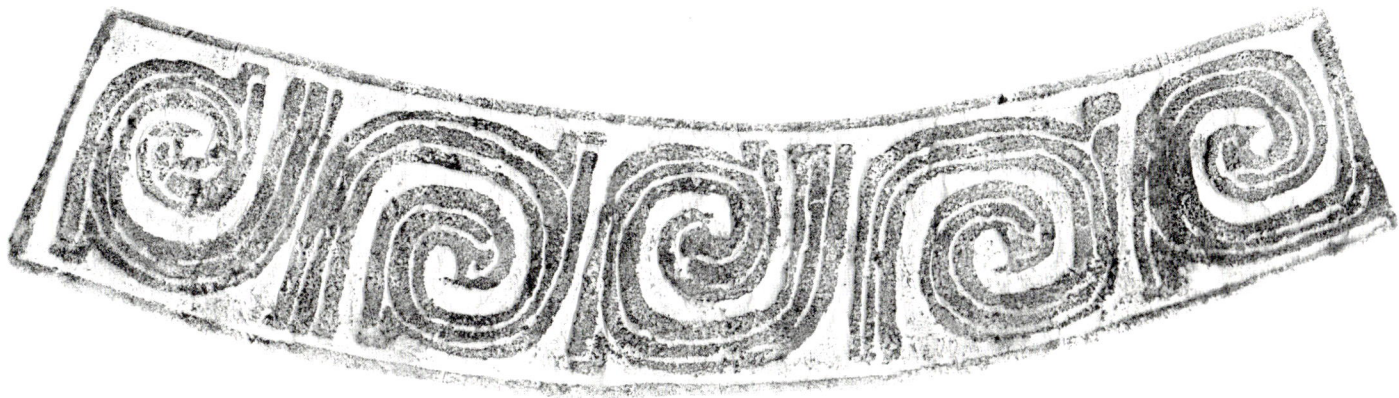

腹部纹饰

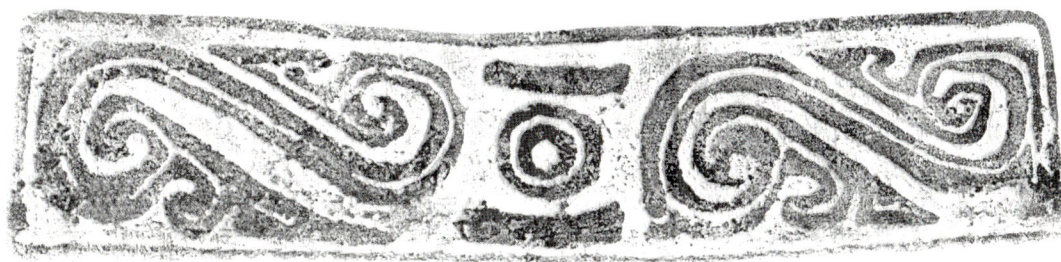

圈足纹饰

033
双耳圈足盘 │ *春秋*
│ *高12、口径34.8厘米*

2004年出土于十字路街道中刘山村东北墓中。

方唇，窄折沿，微鼓腹，平底，圈足较高，双附耳，耳与器壁之间有横梁。腹部、圈足外壁分别饰一周卷云纹。

鋬上平板纹饰

匜身纹饰

034
窃曲纹匜

春秋

高15.4、口径19.6厘米

　　口微敞，浅腹，圜底，流部呈弧形微上扬，环形鋬，三细长蹄足。腹部及流下饰有窃曲纹。

钮部纹饰

舞部纹饰

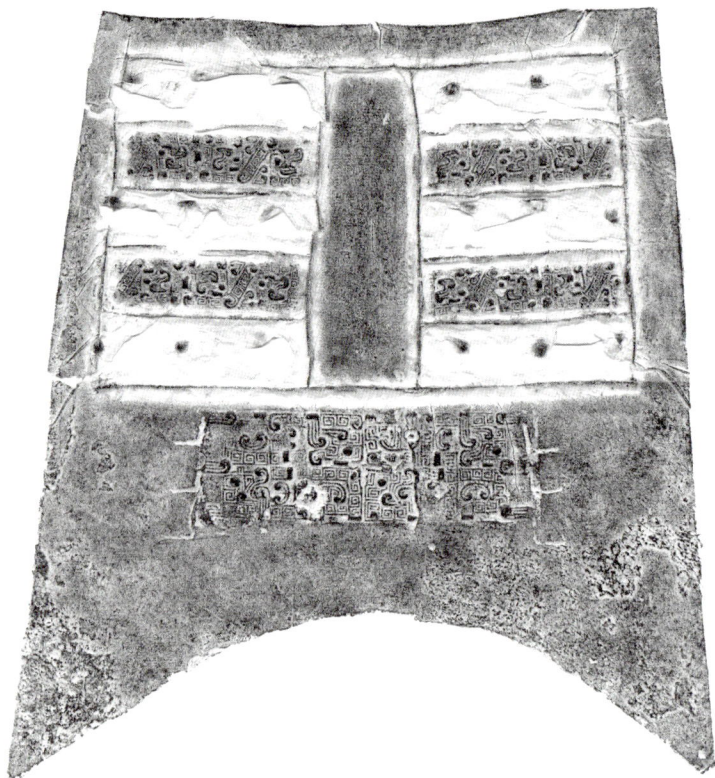

鼓部纹饰

035 钮钟

春秋

长×钮长×腹围分别为24.4×4×36.5厘米、23.9×4.5×33.5厘米、22.8×4×31.8
厘米、21×4×30.7厘米、20.5×3.7×28.5厘米、17.5×3×26厘米、17×3×24.5
厘米、16×3×22.5厘米、14.6×2.5×20.3厘米

1975年出土于大店老龙腰墓。

一套九件。各有枚36个。体形瘦长，两铣尖锐，口沿内凹，枚长而尖锐。钮部饰兽面
纹，中鼓部饰变形宽体蟠螭纹，体躯中夹杂雷纹，末端作粟点状。

036
直内戈

商

通长 23.5 厘米

1957 年出土于临沭县北沟头村北沟头遗址东岭。

三角形援，有上阑和下阑，胡无穿。直内，上有一圆穿。

037　春秋

直内戈　通长23厘米

宽援，援首略下垂，脊线不明显，剖面呈纺锤形。胡较宽，上有二穿。直内，末端下垂，上有一圆穿。援稍有残缺。

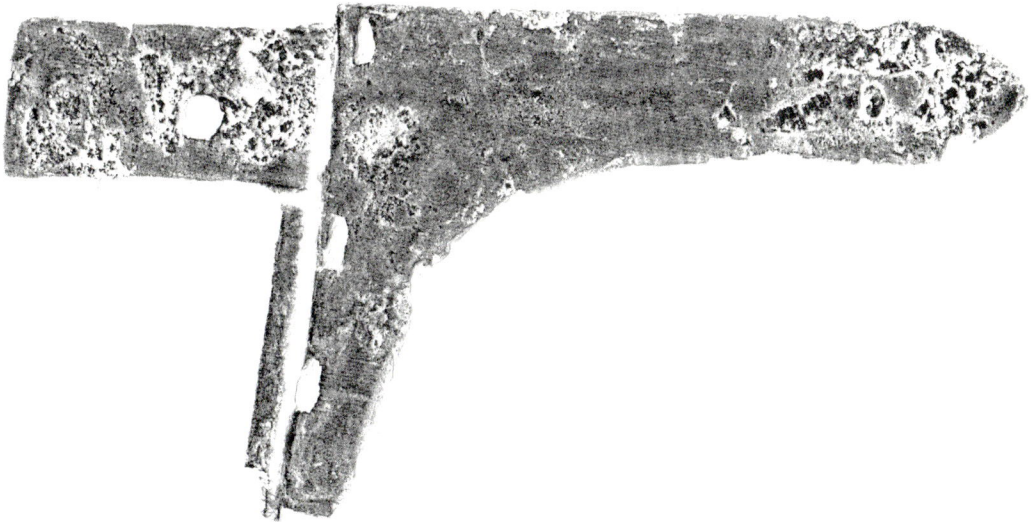

038　｜　春秋
直内戈　｜　通长 22.5 厘米

1973 年出土于大店镇许家滩井村向国故城遗址。

援平直,脊线明显,剖面呈菱形。胡有三穿。长方形直内,上有一圆穿。

039 直内戈 | 春秋

通长 21.2 厘米

短援上翘，尖首，脊线明显，剖面呈菱形。胡有四穿。直内，上有一长穿。

040
直内戈

春秋

通长 18.5、援长 12、内长 6.5 厘米

20世纪80年代出土于朱芦镇址坊村。

圭首，长援，援身起脊，剖面呈菱形。长胡，阑侧三长条形穿，最上面的一穿为横长条形。长方形直内，上有一长条形穿。

041
左徒戈

战国

通长 20.5、援长 13.5、内长 6.6 厘米

1984年出土于涝坡镇城子村城子遗址。

直内，圆尾，长援微上翘，短胡一穿，靠近援本上方有一半圆形穿，有下阑。援与短胡相接部位有铸铭三字"左徒戈"。

042 | 战国
直内戈 | 通长 27.5、援长 18、援宽 3.2 厘米

扁平宽援，胡残缺。直内，内较长，末端圆弧，上有一穿。

043　战国
直内戈　通长24厘米

　　援狭长，剖面呈纺锤形，下刃内弧。胡有三穿，阑较高。内上翘，后端呈弧状，上有一穿。

044 | 战国
直内戈 | 通长24厘米

援狭长,援身上扬,脊线不明显,下刃呈长弧状。胡较长,上有二穿。长条形内上翘,上有一穿,上下皆有刃。

045
短叶矛 | 战国

长 15 厘米

脊线两侧有血槽,骹中空,上有钉孔。

046　战国

铍　残长15.3、宽3、厚0.7厘米

出土于板泉镇。

　　铍身残。铍身横断面呈扁六角形，脊扁平，刃平直，茎作扁条状。表面有光泽，刃部有使用痕迹。平脊上刻有铭文二十一字（含合文三），铭曰"七年得工啬夫夌相女（如），左得工工师韩段、冶君（尹）朝执齐"，刻划细而浅。经中国社会科学院历史研究所黄盛璋先生考证为赵国器物。

047
圆茎剑

春秋

通长46厘米

剑身较宽，中脊略凸，两侧剑刃呈条状凸起，脊线两侧略下凹，近锋处呈弧形内收。圆茎上下等粗，中有两道凸箍。圆首，窄格。

048
圆茎剑

战国

通长 54.6 厘米

剑身狭长，脊线明显。圆茎，中有两道凸箍，近格一端稍细。圆首，格较宽，格上有纹饰。

049

圆茎剑

战国

通长53.4厘米

1956年出土于相沟镇石鼓岭。

剑身狭长，中脊略鼓。圆茎，中有两道凸箍。圆首，窄格。

050
圆茎剑

战国

通长46.5厘米

剑身狭长，脊凸起明显，刃有崩缺。
细长圆茎，窄格。

051
圆茎剑

战国

通长51厘米

1973年4月出土于文疃镇前土泥村东南。

剑身狭长，中脊微鼓，脊线不明显。圆茎，中有两道凸箍。首残缺，格较宽。

052
圆茎剑

战国

剑身长42.5厘米

剑身狭长，中脊凸起，两侧形成血槽，后端呈弧形内收，剑锋微残，整体呈柳叶形。圆茎残缺，格较窄。

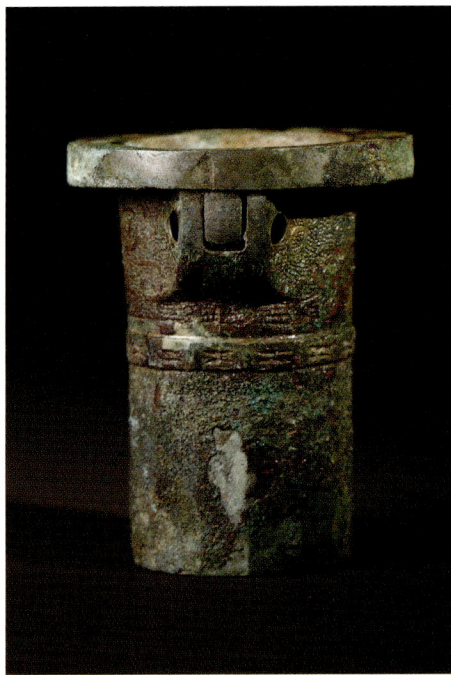

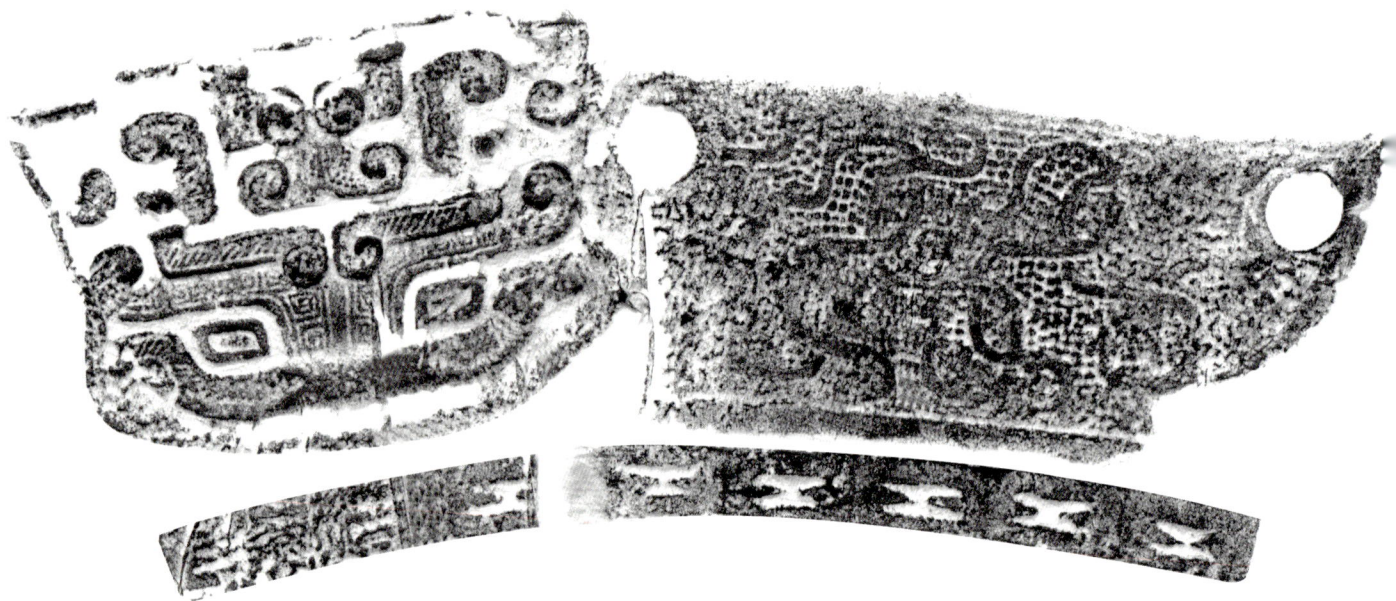

053
兽面纹车軎、辖

春秋

底径9.5、上径6厘米

2011年出土于大店镇后官庄村。

軎深圆筒形，中部一周宽凸棱，上饰浅凹槽纹；近端平折宽缘较厚，靠近端处饰蟠螭纹。辖孔方形，辖首有浮雕兽面纹。辖首与辖尾对应的軎身部位各有两孔。

054
交龙纹车軎

战国

高4、底径8、上径4.9厘米

筒身粗短。近端平折宽缘较薄，长方形辖孔。筒身饰交龙纹及斜线纹。

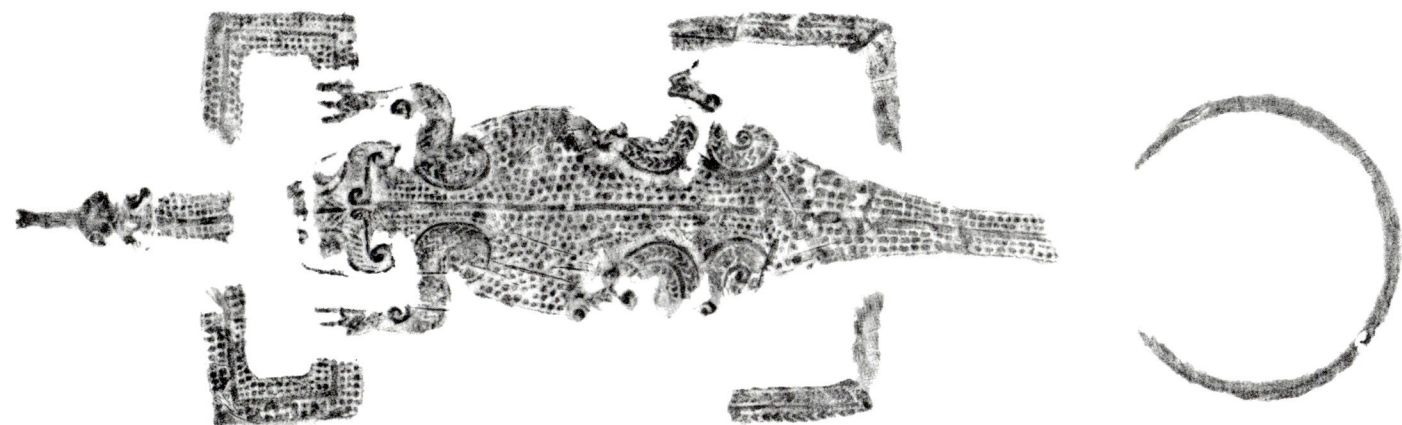

055
蜥蜴车饰

战国

通长16.8、通宽6、中部宽3、尾长7、圆环直径4.9厘米

1973年出土于文疃镇。

通体作圆雕蜥蜴伏地状。蜥蜴口衔一方扣，两前爪伏于方扣上，两后爪向后延伸成方扣，尾上翘呈小圆环状，内套一大圆环。通体饰箆点纹，两后爪处浮雕两蜷曲的蛇。

056　　春秋

圆首削　　1. 通长 20 厘米

　　　　　　2. 残长 17.6 厘米

2004年出土于十字路街道中刘山村东北墓中。

背微凸近平直,凹刃不明显,刀身较窄,锋部较尖锐,柄、刃交接处呈直角,柄细长,圆形柄首。

057　　│　春秋

环首削　│　通长19.9、环首最大径3.4厘米

1982年出土于涝坡镇卢范大庄村。

凸背凹刃，刀身较宽，锋部较钝，柄、刃交接处呈直角，柄细长，柄首作圆环状。

058 | 战国
环首削 | 通长 23.5 厘米

　　凸背凹刃，刀身较宽，锋部较钝，柄、刃交接处呈直角，柄细长，柄首作圆环状。刃部有崩残。

059 | 战国

铜锛 | 通长 12 厘米

　　器身窄长。长方形銎口，銎口之顶端较宽，中部两侧竖直，至近底处呈弧形外张成弧刃，刃稍宽于銎口。器身有穿孔，刃部有崩残。

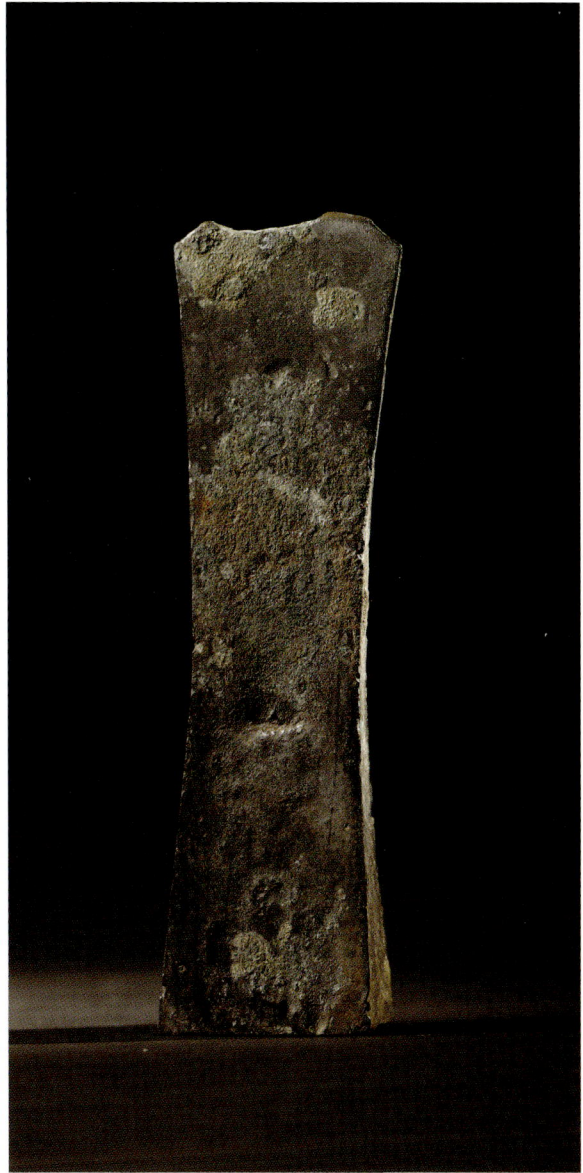

060 | 战国
铜锛 | 通长13.8、宽4厘米

　　器身窄长。长方形銎口，开銎口之顶端较宽，中部两侧内收，至近底处呈弧形外张成弧刃，刃稍宽于銎口。

第二部分

汉代青铜器

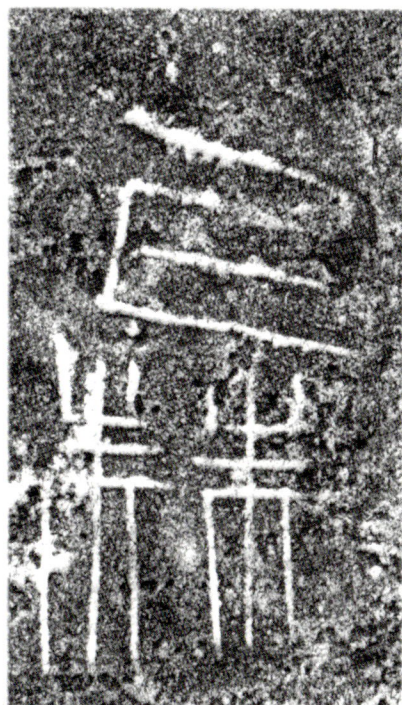

盖顶铭文

沿下外侧铭文

061 上林鼎

西汉

通高18.5、口径15.4厘米

1988年出土于十字路街道大山前村西南250米墓中。

敛口为子口，圆腹，圜底，钥形附耳，三蹄足，腹饰一周凸棱。弧形盖为母口，上附三环钮。使用痕迹明显。盖顶有篆体铭文"上林"二字。器身铭文在沿下外侧，锈蚀较重，字迹模糊不清，经仔细辨认为"上林铜斗鼎重九斤三两元始四年九月□□□□□"二十一字，此条铭文除"上林"二字为篆体外，其余均为隶书。盖残缺，已修复。

062
素面盖鼎

东汉
通高14、口径13.5厘米

1984年出土于涝坡镇城子村城子遗址。

原应有盖。敛口,圆腹,圜底近平,两附耳内倾,蹄形足,缺一足,已修复。腹部有一圈宽平折沿,素面。

063　|　西汉
弦纹鍪　|　通高14、口径8.5厘米

侈口,束颈,溜肩,扁圆腹,平底,肩部有对称两小环钮,腹中部饰两周凸弦纹。

064　汉
弦纹魁　通高9、口径21、柄长7厘米

出土于大店镇花园村。

侈口，腹壁微曲内收成平底，腹较浅，短曲柄。口沿下饰两周弦纹。

065　　汉
弦纹魁　|　通高9、口长25、口宽15.8厘米

侈口，腹壁微曲内收成平底，腹较浅，短曲柄。口沿下饰两周弦纹。

066　*汉*

弩机　郭长12.4、宽3.5、高3.8厘米

1980年出土于筵宾镇后辛庄村。

由铜郭、望山、牙、悬刀、机塞、枢轴组成，悬刀、望山皆近似长方形。

067 | 汉
弩机 | 郭长 12、宽 3.5 厘米

由铜郭、望山、牙、悬刀、机塞、枢轴组成,悬刀、望山皆近似长方形。

068
四乳四虺镜

西汉

直径11.7、缘厚0.55厘米

　　圆形。圆钮，圆钮座。钮座外为四内向凸弧纹，间隔四组弧线纹；再外为一圈凸弦纹和短斜线纹；主纹饰为一圈四乳四虺纹饰带，四虺边各有鸟形纹；外接一圈短斜线纹。素宽缘。

069
日光连弧铭带镜

西汉

直径8、缘厚0.4厘米

　　圆形。圆钮，圆钮座。座外为数组短斜线纹和内向十二连弧纹；再外为两圈短斜线纹，中间夹一圈铭文带，铭曰"见日之光天下大明"，各字之间以卷云纹相隔。素宽缘。

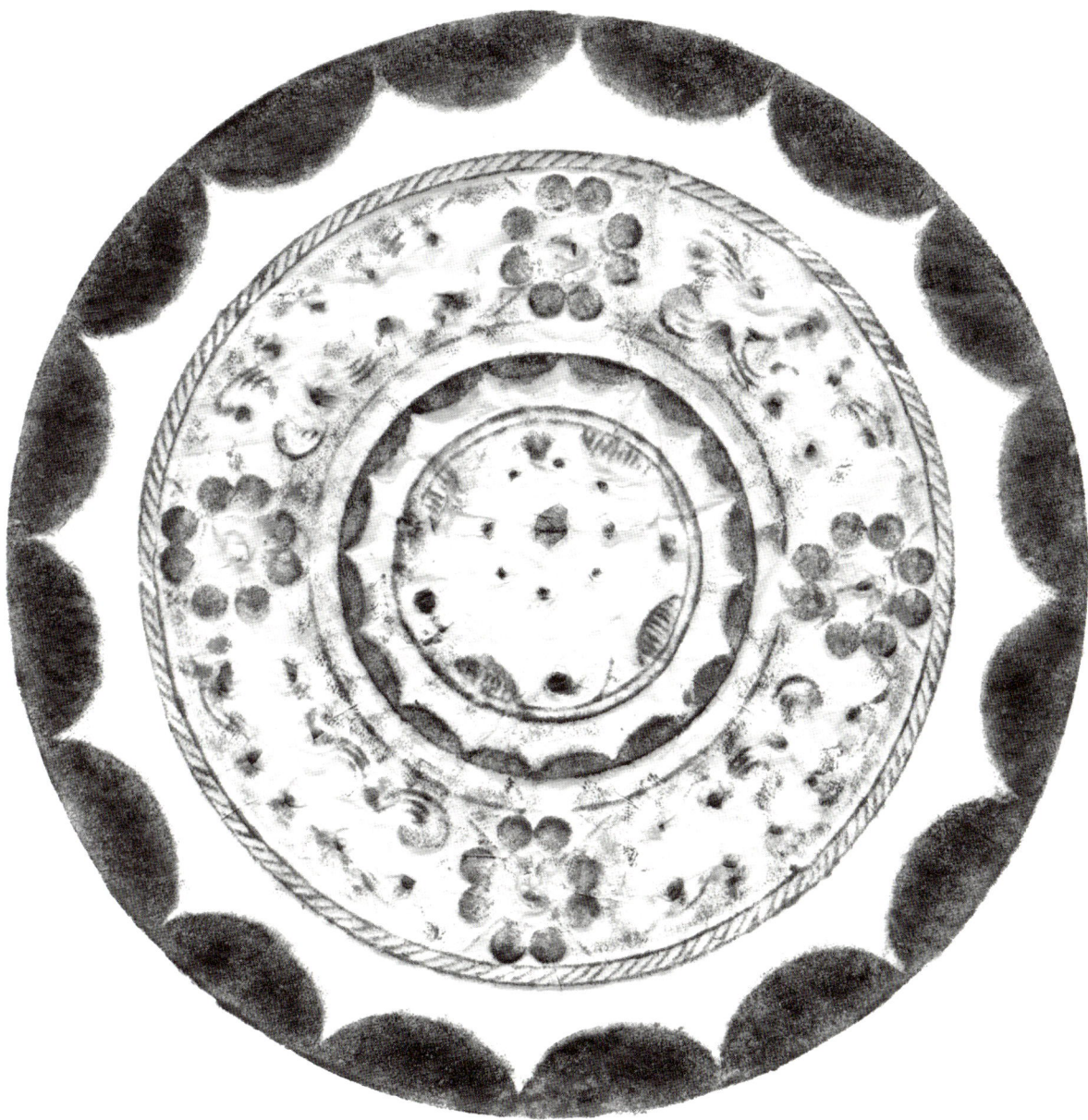

070 | 西汉

星云镜 | 直径15.1、缘厚0.5厘米

圆形。连峰式钮,圆钮座。座内四乳位列四方,钮座外为内向十六连弧纹,外接一圈凸弦纹;再外为稍大四乳位列四方分为四区,四乳周围各围绕八枚扁平小乳钉,各区内又排列八枚小乳钉,以云纹相连;再外是一圈短斜线纹;内向十六连弧纹边缘。

_071_
日光连弧铭带镜

西汉

直径8.9、缘厚0.4厘米

　　圆形。圆钮,圆钮座。座外为数道弧线纹及内向八连弧纹;再外为一圈铭文带,铭曰
"见日而光,之□□□,天清内呈,天下大明",每句间隔一"田"形纹;铭文带外为一圈短
斜线纹。素缘,面微凸。

072　　　西汉

日光连弧草叶纹镜　直径13.7、缘厚0.56厘米

　　1996年出土于坊前镇桑庄村东墓中。

　　圆形。圆钮，四叶纹钮座。座外为一细线小方格和一凹面大方格，格内每边有篆书铭文二字，连读为"见日之光天下大明"；四角小方格内饰斜线纹，大方格四角向外伸出双瓣一苞花枝纹；大方格四边外各有一圆座小乳钉，乳钉外有一桃形花苞，乳钉两侧各有一对称双层草叶纹；外缘饰内向十六连弧纹。

073　|　西汉
日光铭带镜　|　直径9.6、缘厚0.3厘米

　　圆形。圆钮，圆钮座。钮座外为两圈短斜线纹，中间夹一圈高凸弦纹；再外为一圈铭文带，铭曰"见日之光天下大明"，各字之间以卷云纹相隔；铭文带外为一圈短斜线纹。素宽缘。

074
铜华连弧铭带镜

西汉晚期

直径19、缘厚0.7厘米

　　圆形。圆钮，四叶纹钮座。钮座外一圈短斜线纹和凸弦纹，外接内向八连弧纹及几何纹；再外两圈短斜线纹，中间夹一圈铭文带，铭曰"涷治华清而明以之为镜因宜文章延年益寿去不羊与天无亟而日"。素宽缘。

075
昭明连弧铭带镜

西汉—东汉
直径9.4、缘厚0.6厘米

　　圆形。圆钮，圆钮座。座外为内向八连弧纹及几何纹，再外为两圈短斜线纹夹一圈铭文带，铭曰"内而清而以昭明光而象夫日之月心不泄"，首尾以一横杠相隔。素宽缘。

076
四神规矩镜（四神博局铭带镜）

新莽—东汉

直径14.1、缘厚0.4厘米

　　圆形。圆钮，四叶纹钮座，间饰扁圆圈纹，座外方格。方格外分内外两区，内区饰八乳、博局纹，把内区分为四方八等份，青龙、白虎、朱雀、玄武四神排列四方，青龙、白虎各搭配一鸟，朱雀、玄武各搭配一羽人；外区为铭文带和短斜线纹带，铭曰"作佳竟真大好上有仙人不知老渴饮玉泉饥食枣浮浮天下敖三海寿敝金石国保"。锯齿纹和流云纹宽边缘。

077　| 东汉
龙虎博局镜 | 直径11.8、缘厚0.5厘米

圆形。圆钮，四叶纹钮座。座外博局纹把主纹饰分成四区，相对两区相同，有一龙或一虎；外为一圈短斜线纹；边缘饰锯齿纹、宽弦纹和枝叶纹各一圈。

078
云纹博局镜

东汉

直径10.8、缘厚0.4厘米

　　圆形。圆钮，圆钮座。座压云纹、短线纹；主纹饰为博局纹，间饰云纹、短线纹；外有一圈短斜线纹；宽缘饰锯齿纹和双线波折纹各一圈。

079
连弧铭带镜

东汉
直径14、缘厚0.3厘米

　　圆形。圆钮，蝙蝠形四叶纹钮座。四叶之间各有一长脚铭文，可辨仅一"长"字，其余漫漶不清；四叶外有一圈铭文带，铭曰"……师真命长……"；再外为内向八连弧纹。素宽平缘。

080
上方四乳四兽镜

东汉
直径10.6、缘厚0.4厘米

圆形。圆钮,圆钮座。钮座外分列四乳隔为四区,每区各有一神兽;再外依次为一圈铭文带与一圈短斜线纹,铭曰"上方乍竟莫大□□□"。素宽缘。

081　三角缘四乳四禽兽镜

东汉

直径11、缘厚0.5厘米

圆形。圆钮，圆钮座。座外分布四乳，三神兽和一神鸟分列其中；再外饰弦纹、短斜线纹、锯齿纹和双线波折纹各一圈。三角边缘。

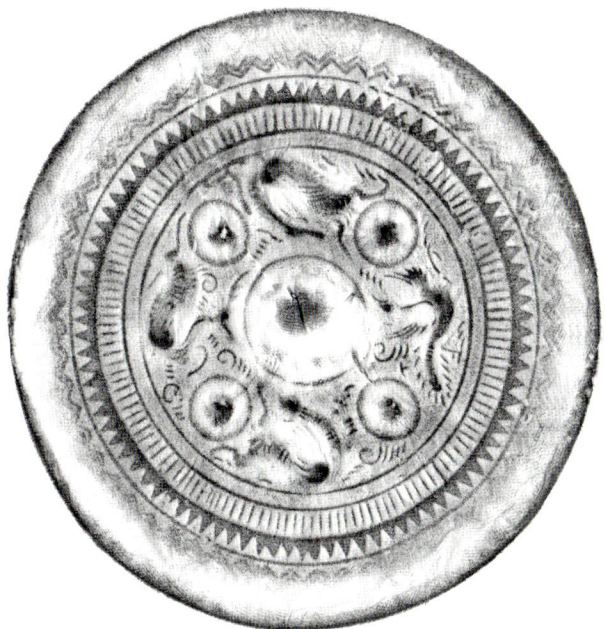

082
三角缘四乳四龙镜

东汉
直径10.3、缘厚0.4厘米

圆形。圆钮，圆钮座。座外有圆座四乳分为四区，每区均饰一龙，回首长须；再外饰短斜线纹、锯齿纹和波纹各一圈。三角边缘。

083
三角缘四乳四鸟镜

东汉

直径9.8、缘厚0.6厘米

　　圆形。圆钮，圆钮座。座外有圆座四乳分为四区，每区饰鸟纹各一，展翅高飞和引颈回首者两两相对；再外饰短斜线纹、锯齿纹和连锁云纹各一圈。三角边缘。

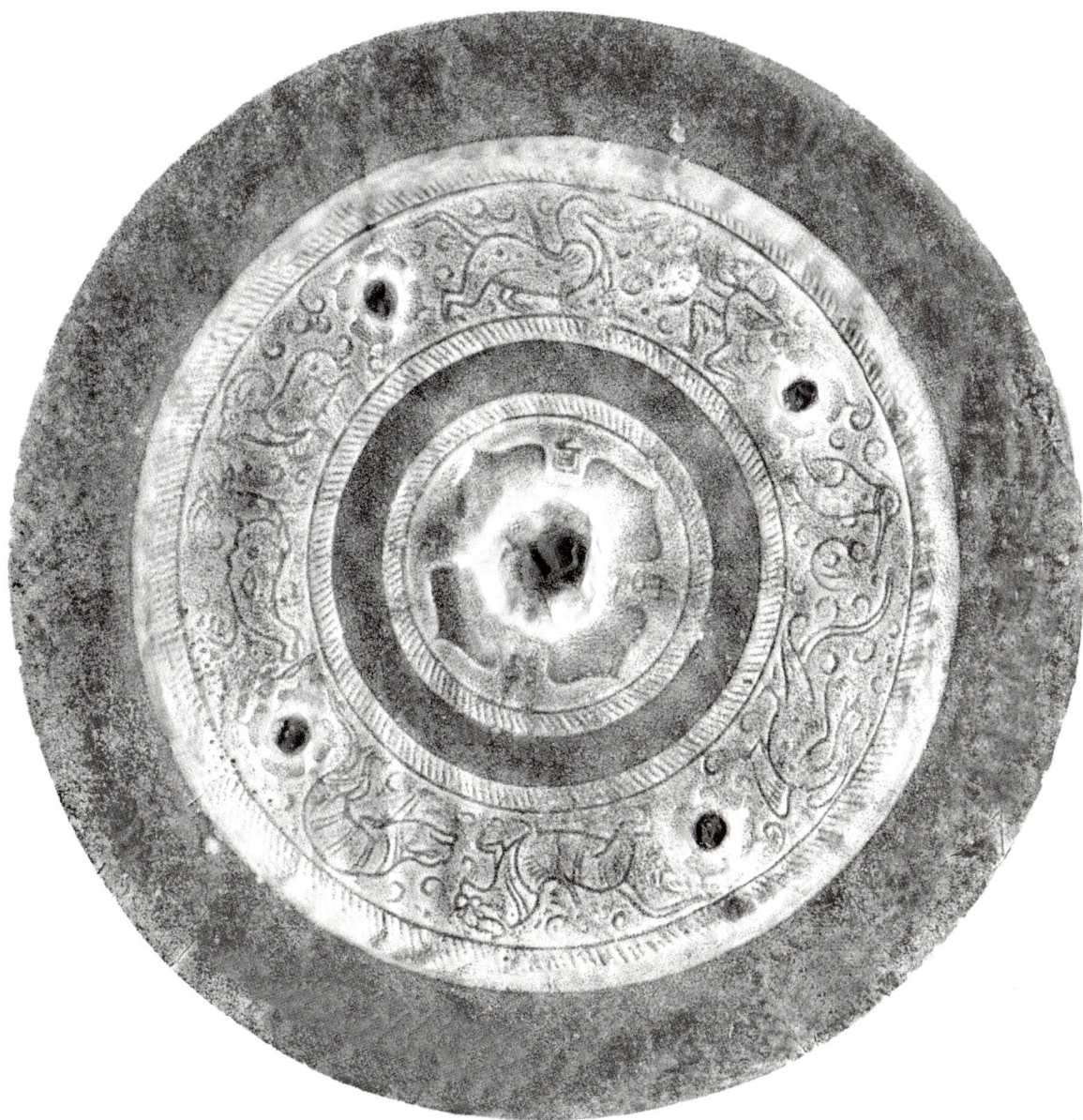

084
长宜子孙四乳神兽镜

东汉
直径16.2、缘厚0.5厘米

　　圆形。圆钮，四叶纹钮座。叶纹间铸篆书铭文"长宜子孙"；外为两圈短斜线纹夹一圈宽凸弦纹；主纹饰带被四个四叶纹座小乳分为四区，图案分别为两虎相斗、凤鸟与长嘴鸟、羽人戏青龙和两羊相对，间饰以云纹；再外为一圈短斜线纹。素宽缘。

085
环状乳神兽镜

东汉

直径13.5、缘厚0.4厘米

　　圆形。圆钮，圆钮座。主纹饰为四神四兽相间环绕，神正面端坐，兽同向，两侧各有一环状乳；其外为一圈半圆方枚带，半圆中为卷云纹，方枚中各一字，合为"吾作明竟幽涑三冈如师命长兮"；再外为锯齿纹；边缘内区为龙纹神兽等，外区为菱形云纹。

086　**四乳龙虎镜**　| 东汉
直径11.6、缘厚0.6厘米

　　圆形。圆钮,圆钮座。座外饰宽凸弦纹和短斜线纹各一圈;圆座四乳把主纹饰带分为四区,饰二龙二虎两两相对,同向;再外一圈短斜线纹。素宽缘。

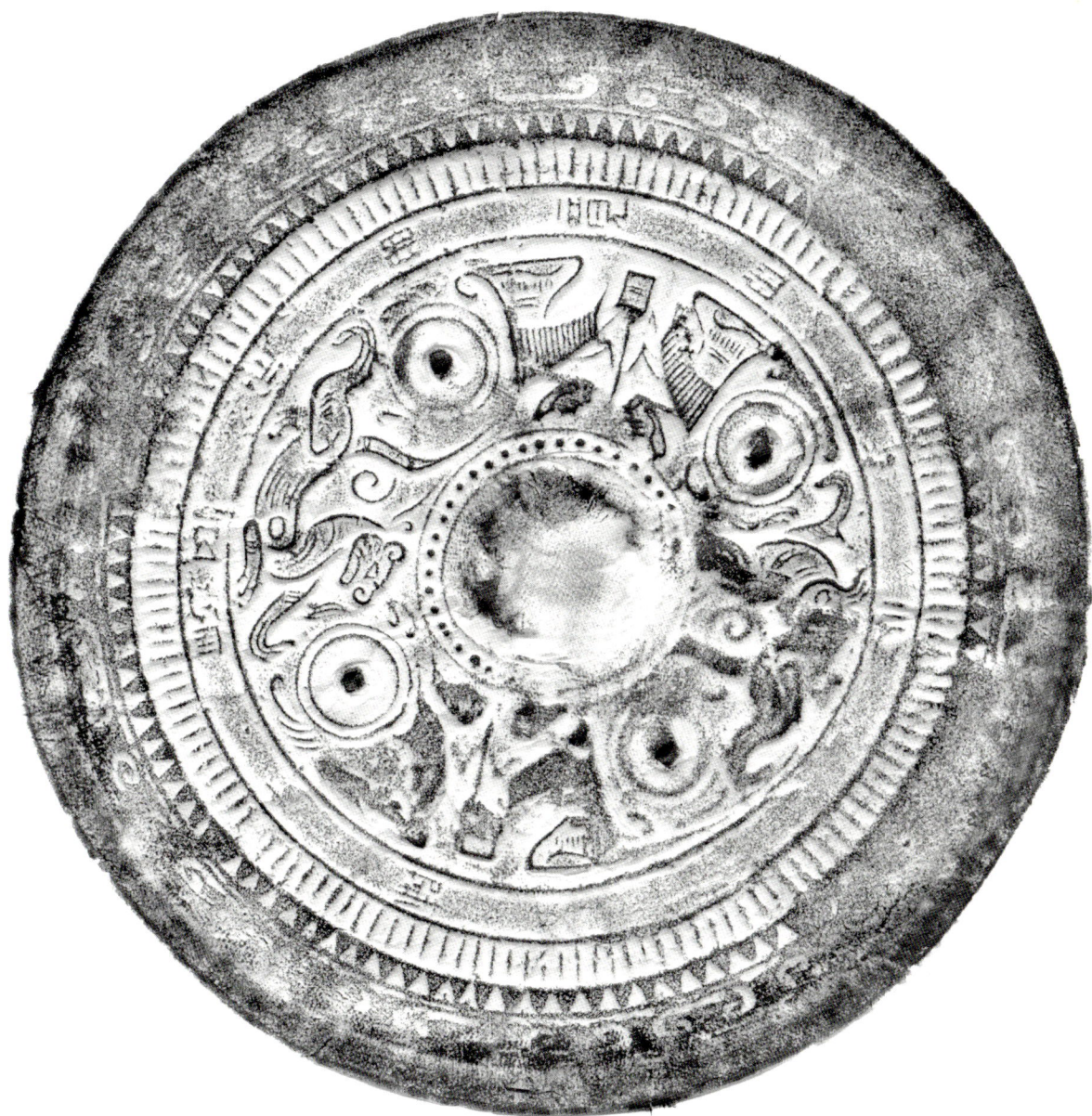

087
吾作明竟三角缘龙虎画像镜

东汉
直径12、缘厚0.5厘米

　　圆形。圆钮，圆钮座。座外为一圈连珠纹；圆座四乳把内区纹饰分为四组，一组饰一虎，相对一组当为一龙，一组饰两羽人同持一杵捣臼，相对一组相似；外区为一圈铭文带，铭曰"吾作明竟世……师□长"；再外饰短斜线纹、锯齿纹和云纹各一圈。三角形边缘。

088　| 汉
鎏金带钩　| 通长 14.9 厘米

1973年出土于十字路街道大曲流河村西墓中。

钩首兽首形，钩身浮雕兽形。钩身镶嵌有绿松石，通体鎏金，有脱落。

089
错金铜带钩

汉

通长14.1厘米

　　错金银棒形龙带钩。钩首弯腰齐尾。颈下、腰部及尾部各镶嵌三条等长的金银长条,钩面错金银几何鳞纹,腰下镶钮。钩首、钮、尾等处稍残。

090
伤士次印

西汉
通高1.6、边长1.9厘米

1997年出土于坊前镇桑庄村东岭西汉墓中。
扁方体，宽带桥形钮。印文为：伤士次印。

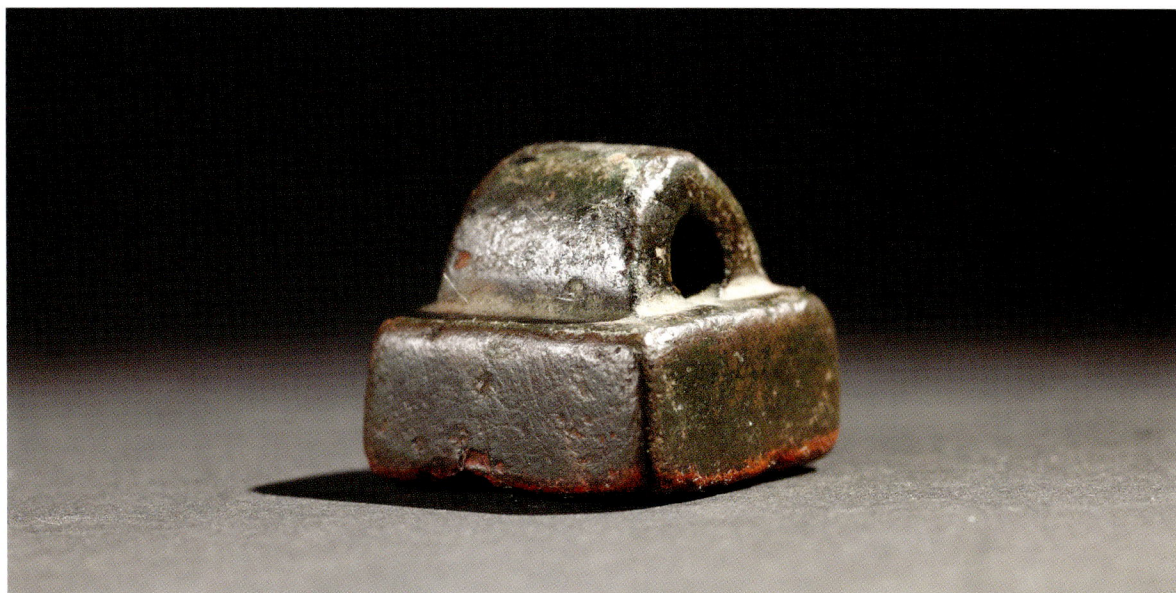

091
军假司马印

东汉
通高2.1、边长2.4厘米

扁方体，宽带桥形钮。印文为：军假司马。

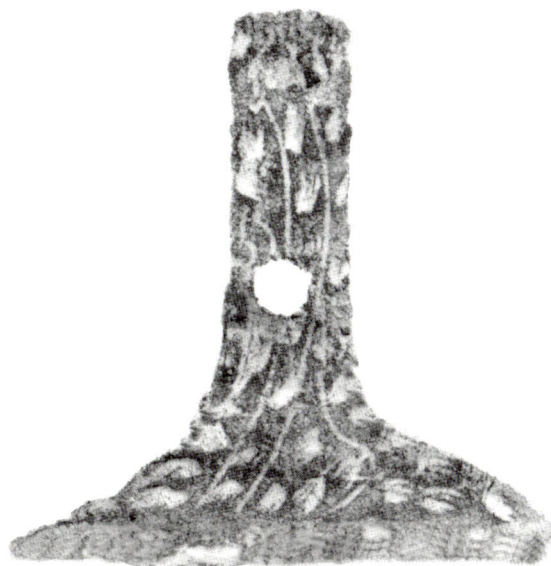

092
大利鲍长叔印

東汉
高5.38、体长3.5、宽1.38厘米

1973年出土于岭泉镇房家岭村东墓中。

印体长条形,长方形扁平柄,柄上有一圆孔。印文为:大利鲍长叔。

093 | 汉
建阳唯印 | 厚0.5、边长2.1厘米

1978年出土于大店镇。
扁方体,宽带桥形钮。印文为:建阳唯印。

094

虎威将军章

汉

厚0.7、边长2.3厘米

扁方体,龟形钮。印文为:虎威将军章。

095　｜　汉

偏将军理军印　｜　通高 1.9、边长 2.2 厘米

扁方体，龟形钮。印文为：偏将军理军。

096
冀迁私印

汉

通高1.8、边长2.4厘米

扁方体，宽带桥形钮。印文为：冀迁私印。

097
铜羊灯

汉

通长 15.5、宽 5.9、通高 8.8 厘米

1973年出土于筵宾镇。

整体作站立羊形，设计精巧。圆雕羊首，体肥壮，四足着地。羊背作可开合的灯盘，可掀起支撑于羊首与羊背中部的榫卯之上。现榫卯处的销钉断裂。

098 | 汉
薰炉 | 高20、直径24厘米

上炉下盘。豆形炉,盖作山形,通过一榫卯与炉体相连。柄为一鸟立于龟身上。

099　汉
兽形席镇　直径 × 高分别为 7.5×5.4 厘米、7.4×5.2 厘米、7.4×5.6 厘米、7.4×5.3 厘米

1983 年出土于筵宾镇后辛庄村西墓中。

一组四件，器形一致。作两兽嬉戏状。

100 汉

镜刷 通长 12.7 厘米

1991 年出土于十字路街道大山前村西北墓中。
形似烟斗。圆管曲尺形,柄末端扁平,有一小圆孔。

第三部分

唐宋元明清青铜器

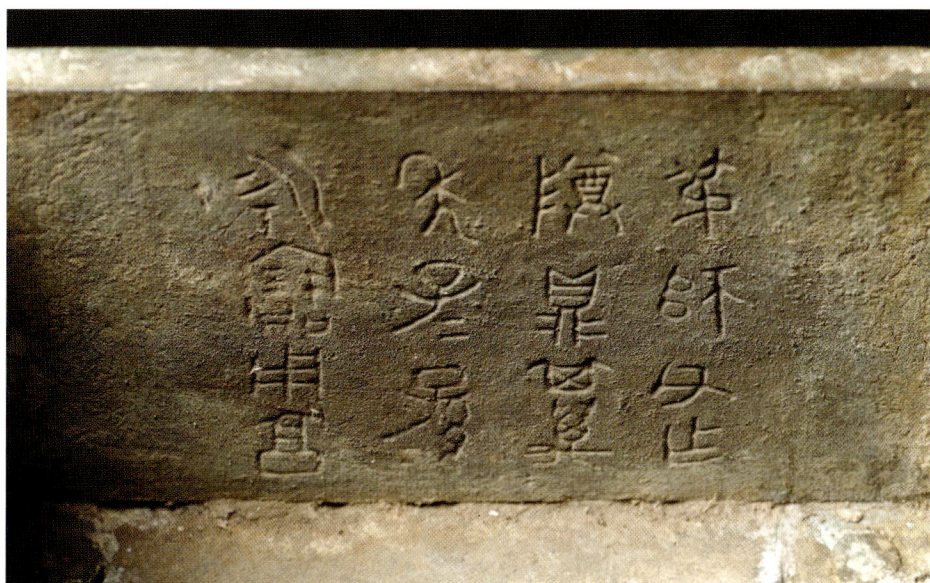

101
仿商叔师父夔足方鼎

清

通高22、口长14、口宽11厘米

　　长方体。厚方唇,窄平沿,斜直腹,平底,两短边有立耳,四夔足。腹部四面均饰两周纹饰,上为对首龙纹,扉棱为界;下为兽面纹,扉棱为鼻。腹部拐角处有扉棱。足作夔龙状,张口衔鼎底,卷尾触地。底有二字铭文,不识。内壁有铭文,铭曰"叔师父乍尊鼎,其万年子子孙孙永宝用享"。

102
仿商夔足方鼎

清

通高18.5、口长10.5、口宽7.8厘米

厚方唇，折沿，斜直腹内收，平底，立耳，四夔足。三台形方盖，下层为重环纹，中层为对称双龙，上层铸一大瑞兽钮。腹部四面均饰两周纹饰，上为夔龙纹、下为兽面纹，均以扉棱为界。从纹饰、制作工艺、铜质上分析，应为晚清仿商之器。

103 仿商铜爵

清末

通高13.5、口长12、口宽5.9厘米

圆尾，宽流，浅圆腹，圜
底，三足外撇。腹部饰一周
云雷纹，间饰扉棱。

104
风眼宣德炉

明

通高 7.9、口径 10.8 厘米

敞口，束颈，鼓腹，圜底，三小足。口沿上有两条状大环耳。通体素面，底有"大明宣德年制"字样。

105 仿宣德炉（黄铜）

清—民国

通高8、口径11.7、腹径13.5厘米

　　口微敞，束颈，浅腹，圜底，三矮足。口沿上有两立耳，作环状。底有"大明宣德年制"字样。

106
瑞兽葡萄镜

唐

直径 14.7、缘厚 1.05 厘米

　　圆形。伏兽钮。连珠高凸棱将镜背分为内外两区。内区分饰四奔跑瑞兽,间饰四鸟和九串连枝葡萄;外区饰十串葡萄蔓枝叶实,间饰五只飞鸟。边缘高直。

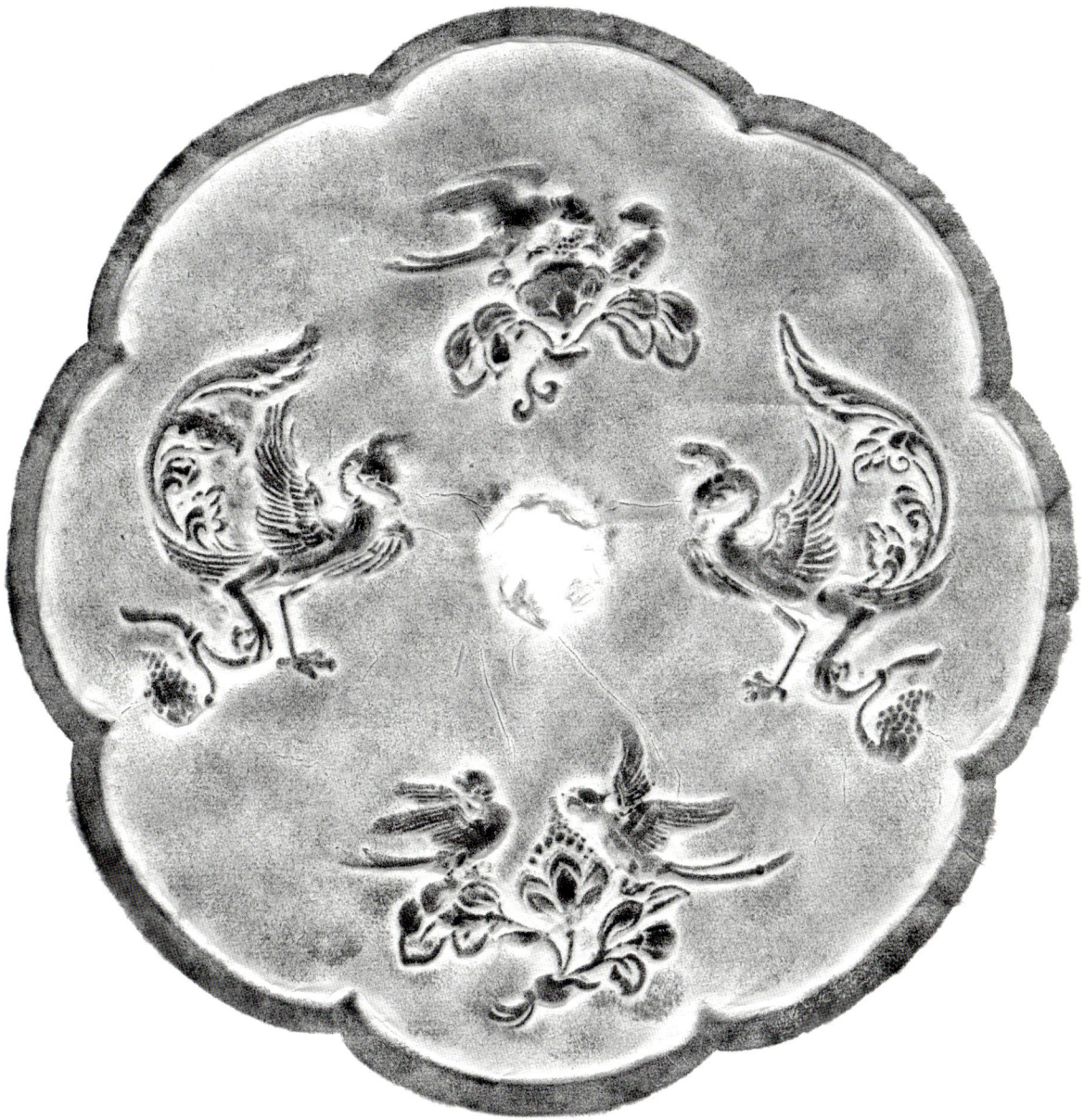

107
双鸾花鸟镜

唐

直径18.6、缘厚0.6厘米

八瓣葵花形。圆钮。钮左右两侧双鸾相对，各踏一葡萄枝；钮上下两侧均有二鸟立于花枝上，一鸟啄食花蕊，一鸟回头张望。

108
仙人鸟兽镜

唐

直径11.9、缘厚0.4厘米

1980年出土于莒县小店镇。

八瓣葵花形。圆钮。钮四方各有一仙人佩戴绶带驾鸟兽出行，驾鸾鸟者和乘瑞兽者各自相对；外有一圈凸棱；边缘八瓣中云气纹和草叶纹相间环列。

109 雀绕花枝镜

唐

直径11.55、缘厚0.8厘米

八瓣菱花形。圆钮微残。连珠高凸
棱将镜背分为内外两区,内区四雀飞绕小
花枝,外区四雀飞绕大花枝;再外为一圈
连珠凸棱纹;边缘八瓣中各有一组花叶纹。

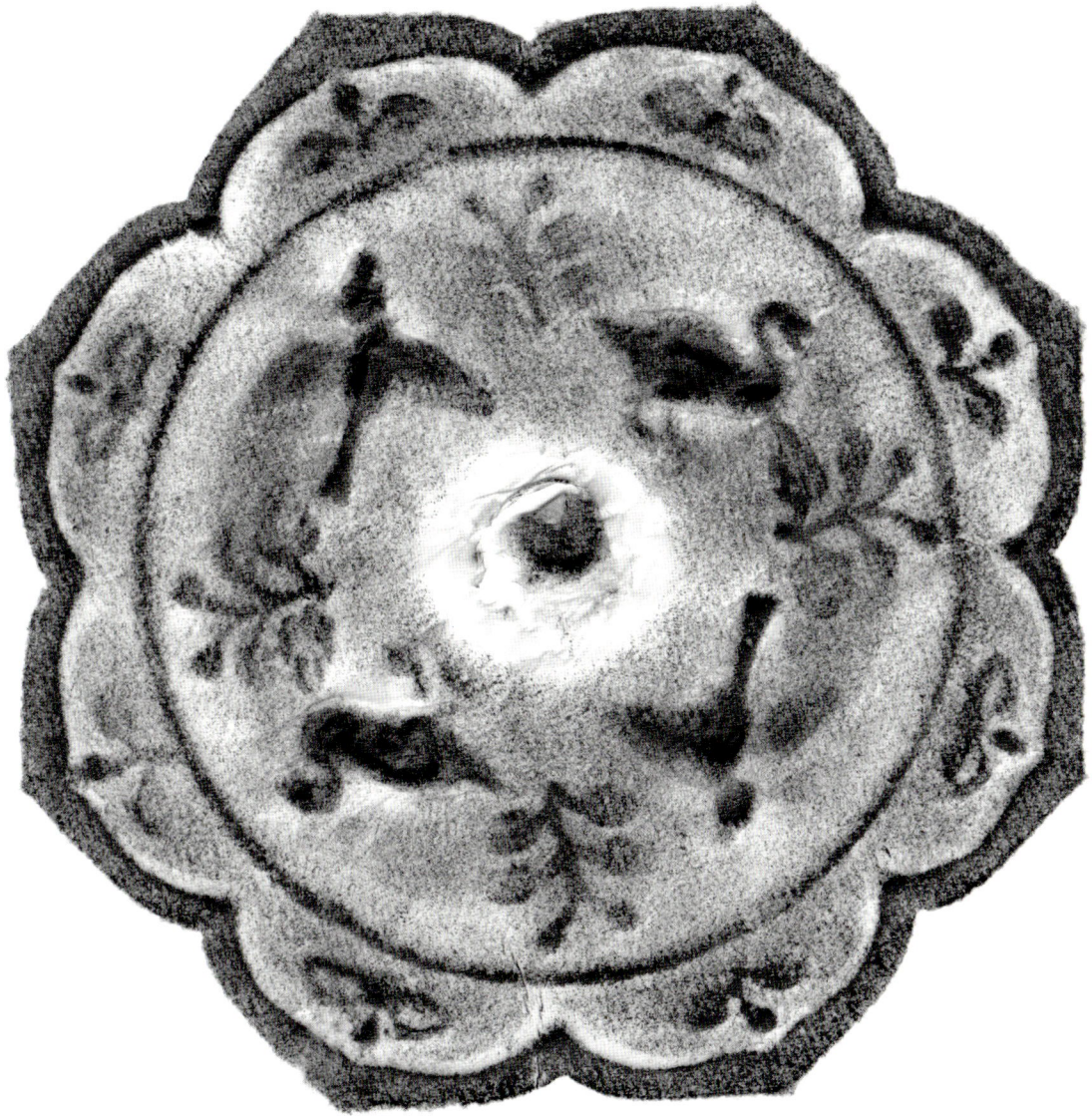

110
四禽鸟花枝镜

唐
直径9.5、缘厚0.4厘米

　　八瓣菱花形。圆钮，顶部略平。主纹饰为四禽鸟分居四方，两只鸟展翅飞翔，两只水禽静立，各自相对，禽鸟间各有一六叶花枝；外为一圈凸弦纹；边缘八瓣中各有一小花枝，两叶夹一花苞。

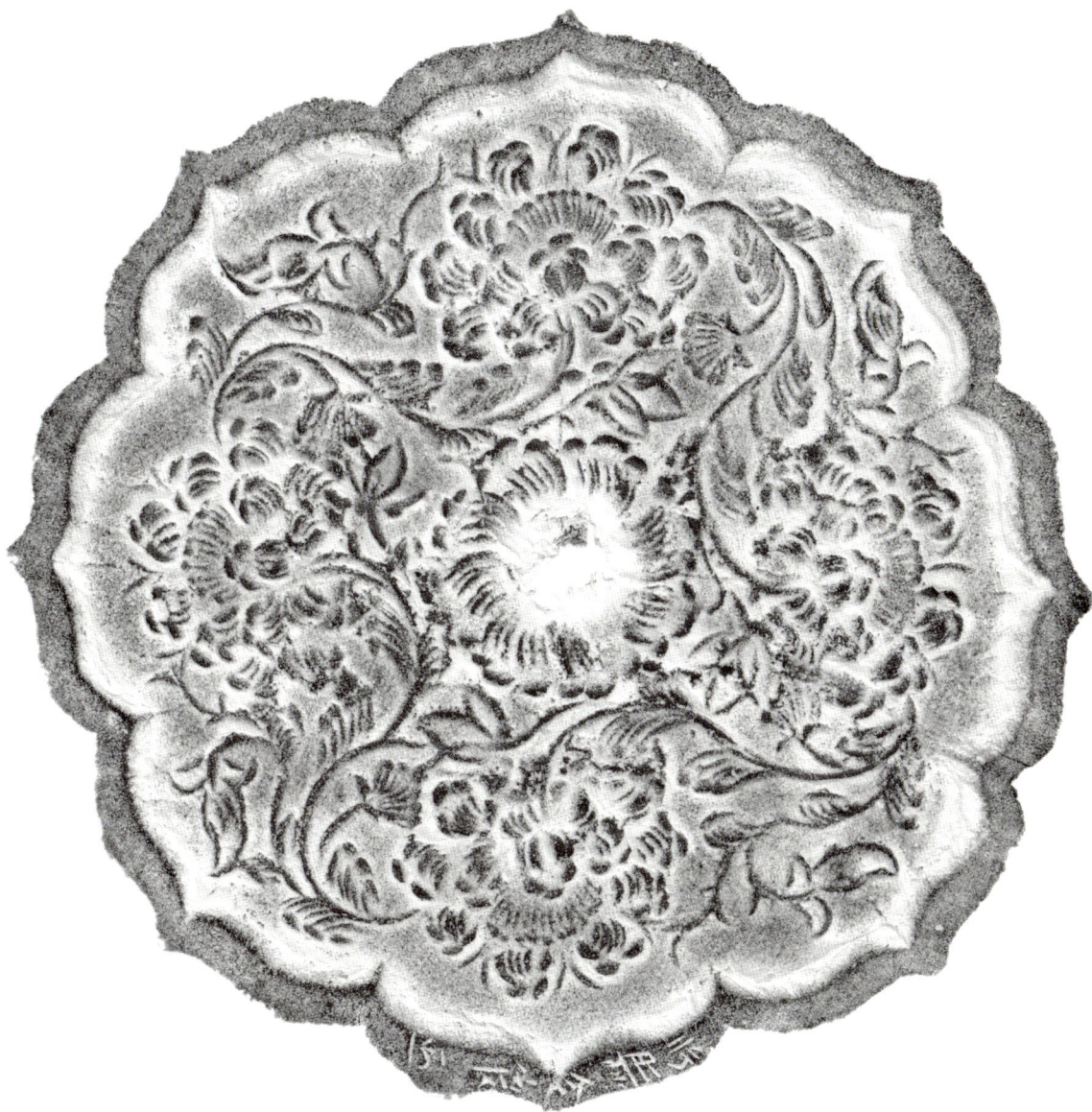

777　宋
四花镜　直径14.2、缘厚0.3、钮高0.5厘米

　　八瓣菱花形。小圆钮，花瓣钮座。座外四朵缠枝花环列一周。窄缘，上刻"□县令官"及花押。

112　亞字形花卉镜

宋

直径12.3、缘厚0.1厘米

亞字形。小弓形钮,花叶钮座。座外
为一圈连叶纹,再外为两圈连珠纹夹八朵
花卉。

113　湖州真石念二叔镜

宋

直径12.1、缘厚0.2厘米

八瓣葵花形。小圆钮。镜背一侧有凸方框，内有铭文，铭曰"湖州真石念二叔镜"。素缘。

114　四蝶锦地纹镜

宋

边长13、缘厚4厘米

方形。圆钮，顶部平，花瓣钮座。座外一大方格，四角各有一蝶朝向镜钮；方格外为龟裂状锦地纹。素缘，一端刻有"临沂县令"及花押。

115 人物故事镜

金

直径8.6、缘厚0.3厘米

圆形。桥形钮。钮左侧有一仙翁手抱
一乐器；钮右侧下方有三孩童，面向仙翁，
俯身舞蹈；孩童后有一株果实累累的大树；
画面空白处饰云纹。素缘。

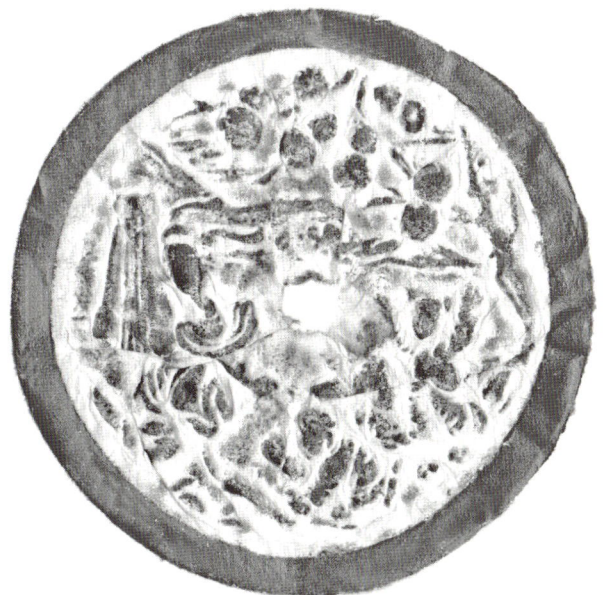

116
仙鹤人物故事镜

金

直径8.5、柄长7.3、柄宽2.2、厚0.4厘米

1980年出土于岭泉镇淇岔河村。

圆形，有柄。镜背右侧有一体态丰腴的女子，右手执扇，扇柄戏一长尾小兽；女子身后有树木数棵；小兽后跟一躬身童子，上部有祥云数朵，再上有一仙鹤飞翔。镜柄上部有一朵祥云托一弯月，下部有一小鹿。

117
许由巢父故事镜

金

直径13.4、缘厚0.4厘米

　　圆形。圆钮。钮上峰峦起伏，钮左有两株树，钮下有一条小河，上游河边坐着一人，右手抬至耳边；下游处一人手牵小牛，一手前举。镜背顶部有一凸方框，其他地区曾出土镜背纹饰基本相同者，方框内刻"许由巢父"铭文。主纹饰外有一圈凸弦纹。素缘。

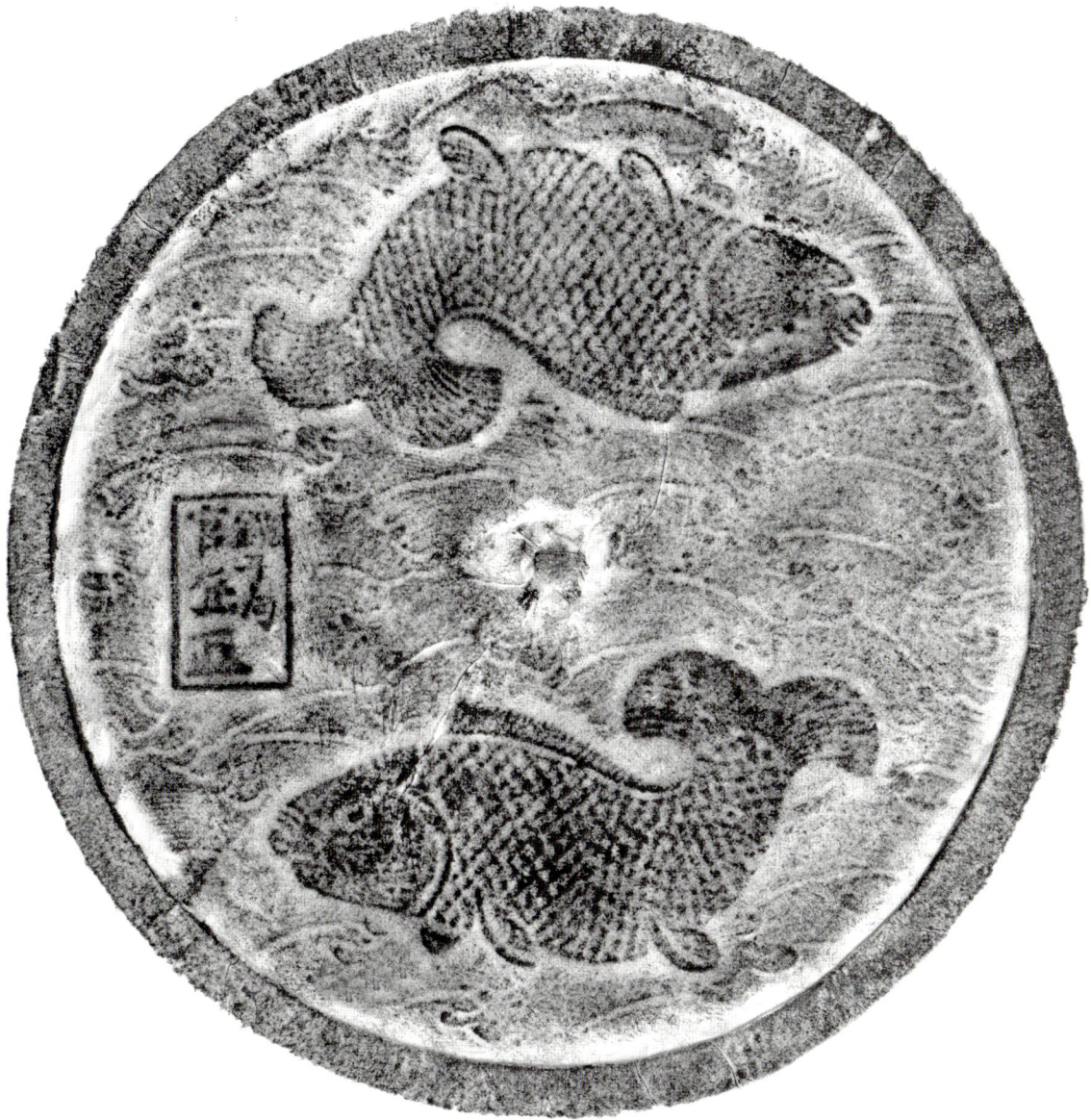

118
双鱼镜

金

直径14.7、缘厚0.2厘米

2004年出土于岭泉镇大葛家集子村。

圆形。小圆钮。钮上下各有一摇尾肥鱼；双鱼间一侧有凸方框，内有铭文"镜子局官"及两花押；镜背底部衬水波纹。素缘。

119
双鱼镜

金

直径10.8、缘厚0.6厘米

　　圆形。圆钮，顶部平。主纹饰为摇尾双鱼，首尾相接；镜背底部衬水波纹；外为一圈凸弦纹和一圈草叶纹。素缘。

120 双鱼镜

金

直径11、缘厚0.25厘米

圆形。圆钮。钮两侧各一摇尾鲤
鱼，首尾相接，双鱼鳞鳍清晰；镜背底部
衬水波纹。素宽缘。

121　五婴持花镜

金

直径12.2、缘厚0.5厘米

　　圆形。圆钮,顶部平。外为一圈连珠纹;主纹饰为高浮雕五婴持花,婴童俯身,指首翘足;再外又为一圈连珠纹。边缘窄高,外壁稍内敛。

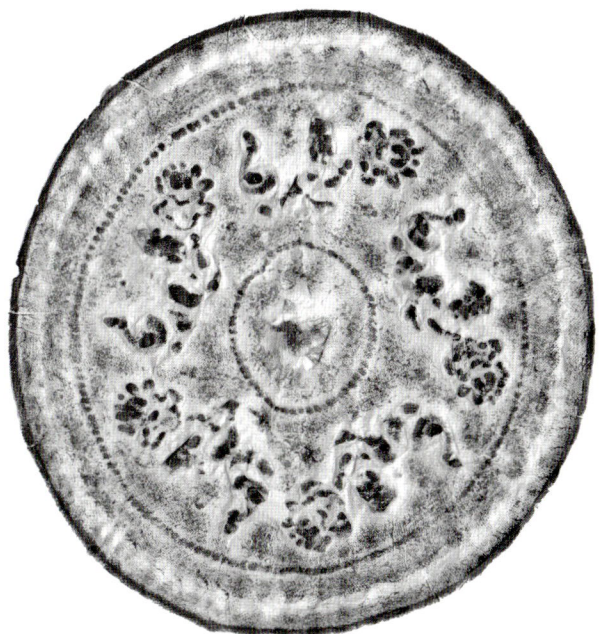

122 大定通宝钱纹镜

金

直径11.6、缘厚0.3厘米

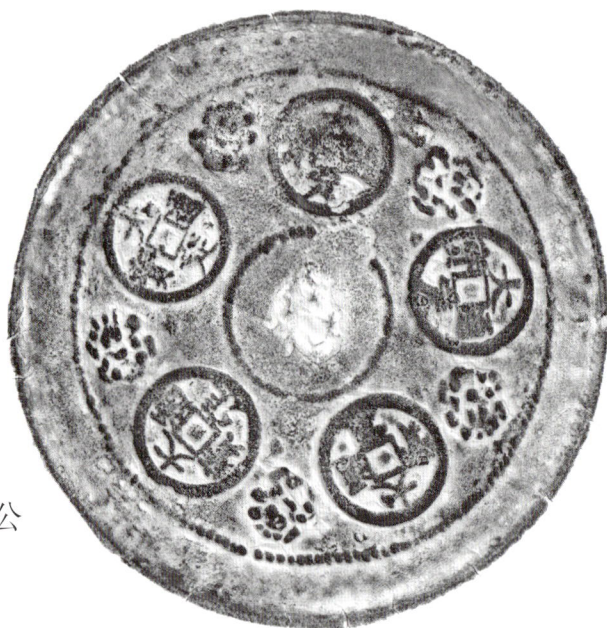

圆形。桥形钮,顶部平。钮外一圈
凸弦纹;主纹饰模印五枚"大定通宝"钱
纹,间饰五朵花卉;边缘有一圈连珠纹。
窄缘。"大定通宝"为金世宗大定十八年(公
元1178年)始铸钱币,此镜当晚于此时。

123　山东东路花枝镜

金

直径11.4、缘厚0.2厘米

　　八瓣葵花形。圆钮。钮外一圈凸
棱，连接数珠；镜背满饰蔓枝；一侧有一
凸方框，其内铸两行铭文，铭曰"山东东路
铸镜所造"；近边缘处有一圈连珠凸弦纹。
素缘。

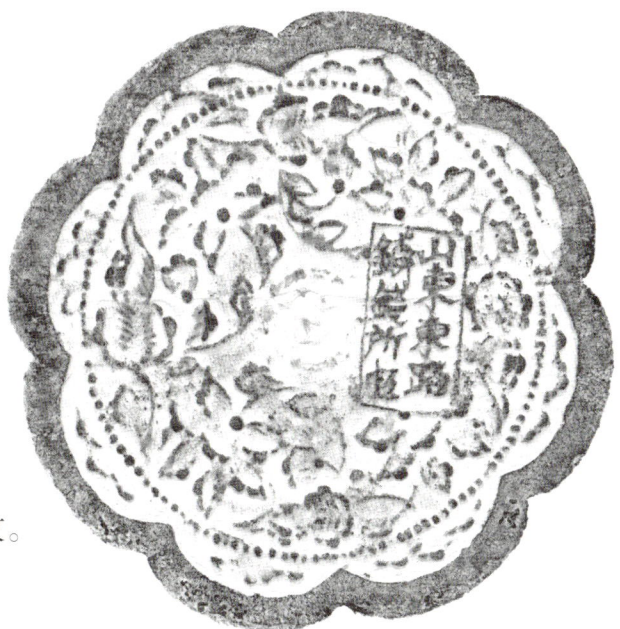

124 为善最乐镜

明

直径8.5、缘厚0.45厘米

圆形。亚腰形钮。钮右铸楷书字"为善"，钮左铸"最乐"。外有一圈凸弦纹。窄缘。

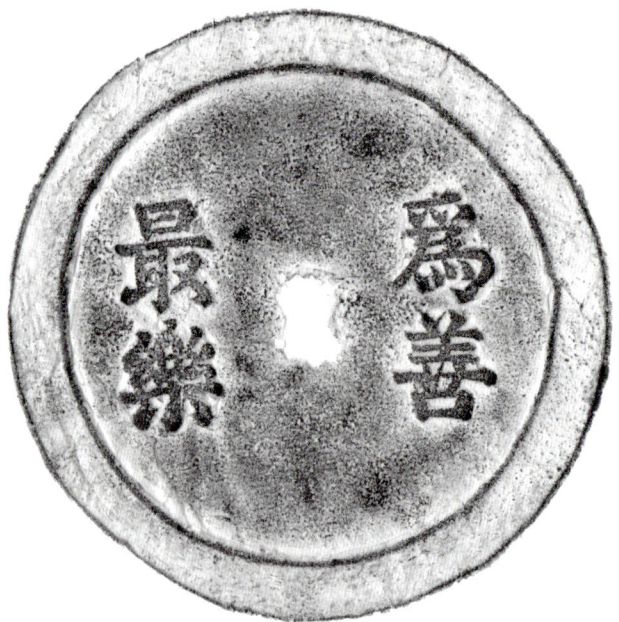

125　五子登科镜

明

直径26.4、缘厚0.6厘米

　　圆形。钮残缺。镜背四方平均分布
四个凸起方格,格内铸楷书铭文,合为"五
子登科"。近边缘处有一圈凸弦纹。窄缘。

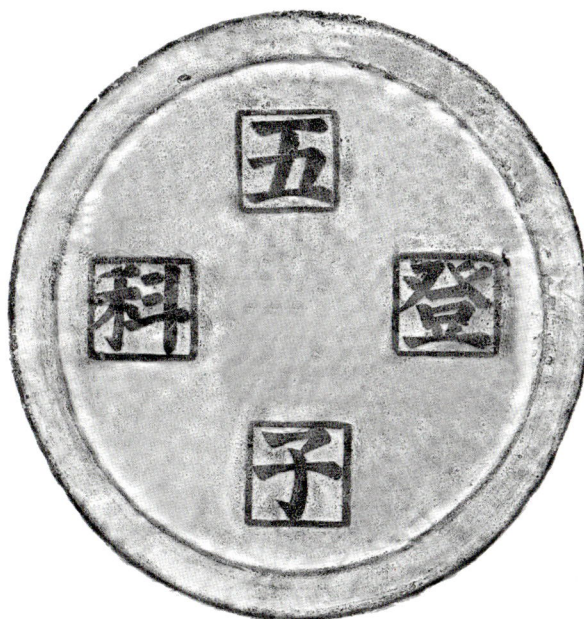

126　状元及第镜

明

直径26、缘厚6厘米

圆形。钮残缺。镜背四方平均分布四个凸起方格,格内铸楷书铭文,合为"状元及第"。近边缘处有一圈凸弦纹。窄缘。

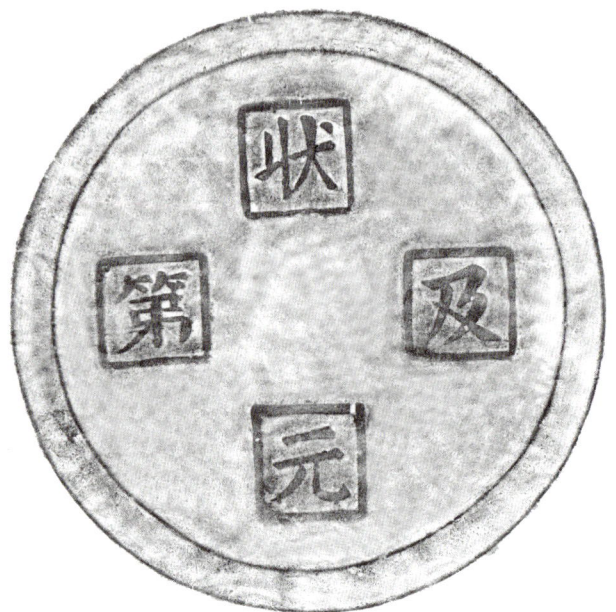

127 龙凤呈祥镜

明

直径22.5、缘厚1.1厘米

圆形。圆钮,顶部略平。钮四方各有一凸起方格,格内铸楷书铭文,合为"龙凤呈祥"。近边缘处有一圈凸弦纹。边缘高直。

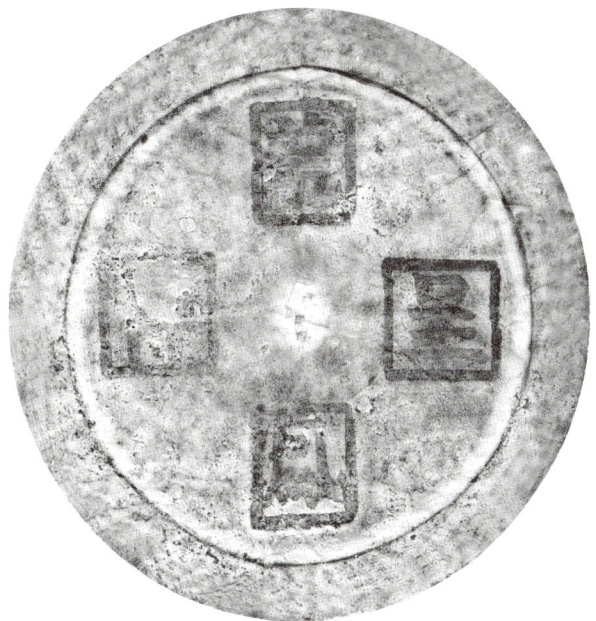

128

漆金带扣

明

通长7.1、宽3.2厘米

长方形平板状，上有浮雕卷龙，龙首凸出，通体鎏金。

129
万户所印

元

长6.2、宽6厘米

印体长条形,长方形扁平柄。印文为:万户所印。

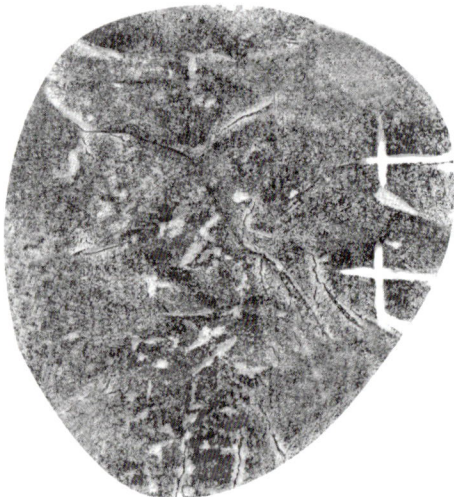

130 | 元
铜权 | 高10.8、宽4.7厘米

　　覆钵圆塔形,上有方形鼻钮,腹部呈圆锤形,喇叭形底座。腹部与底座之间有两道凸棱,底座上亦有两道凸棱。权身有铭文"□□□□路"。

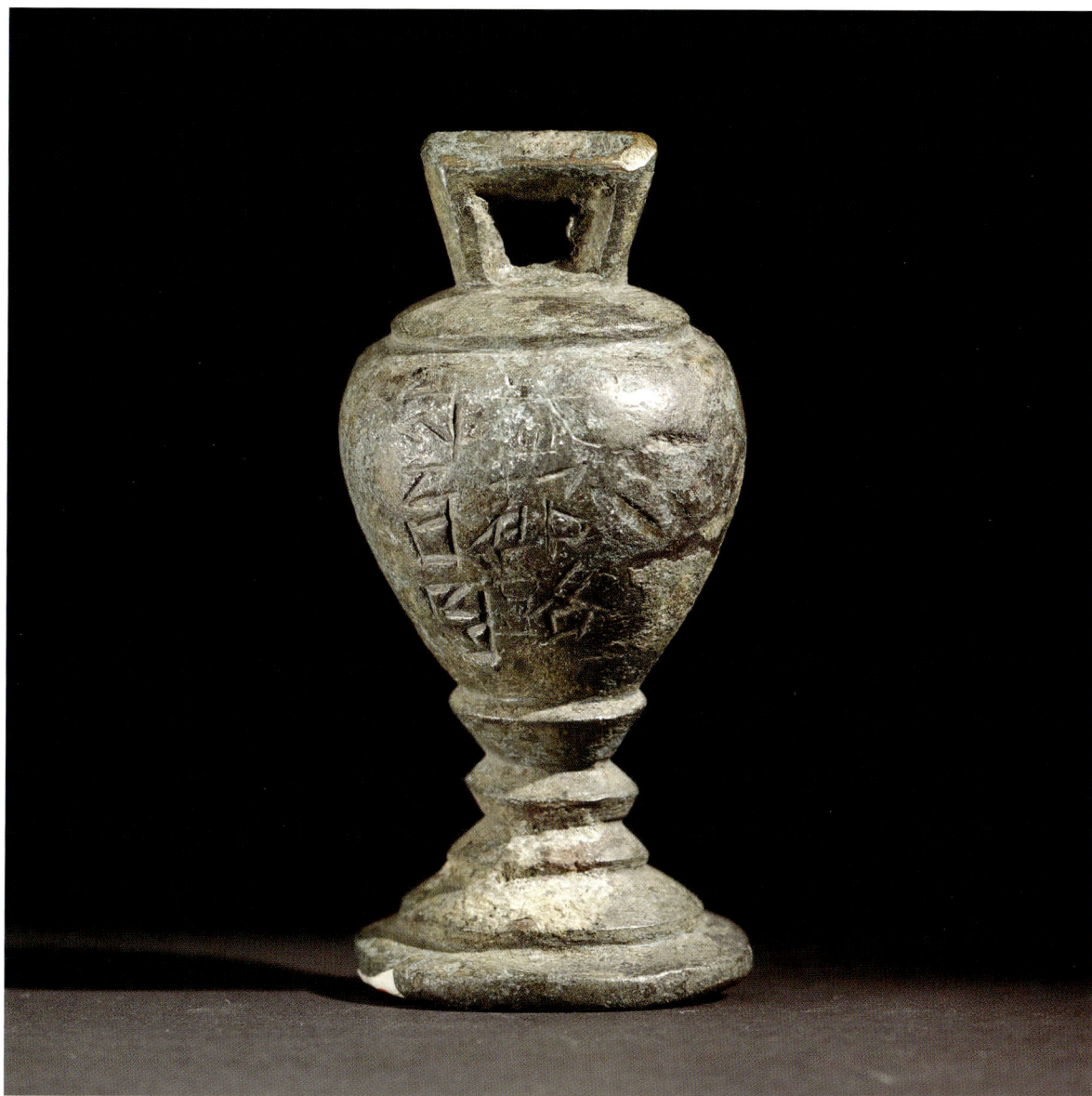

131
益都路铜权

元

高7.5、宽4厘米

　　覆钵圆塔形，上有方形鼻钮，腹部呈圆锤形，喇叭形底座。腹部与底座之间有两道凸棱，底座上亦有两道凸棱。权身有铭文"益都路延祐六年"。

132
较勘相同铜权

元

高10.2、宽5.2厘米

六面塔形，上有方形鼻钮，喇叭形圈足底座，圈足上有数道凸棱。权身有铭文"较勘相同□□年"。

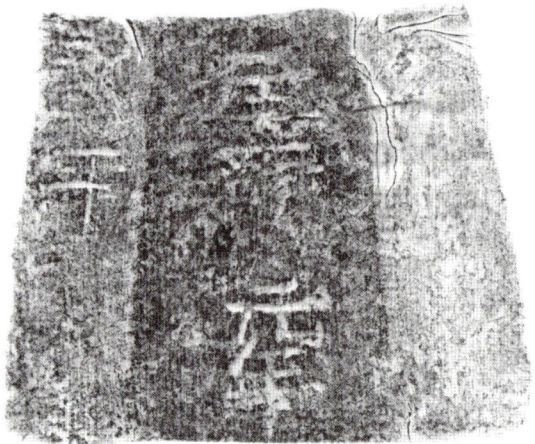

133
般阳路总管府铜权

元

通高12、宽6厘米

　　六面塔形，上有方形鼻钮，喇叭形圈足底座，圈足上有数道凸棱。权身有铭文"般阳
路总管府□□元年"。

134
保定路铜权

元
高 6.7、宽 4.2 厘米

六面塔形，上有方形鼻钮，底座残缺。权身有铭文"保定路至大元年"。

135
释迦牟尼铜像 | 明
通高56.5、底座最大径44厘米

1959年出土于临沭县临沭街道。

释迦牟尼螺发,高肉髻,面相方圆,眼睑低垂,神态安详。身着袒右肩袈裟,右肩反搭袈裟边角。右手结触地印,左手施禅定印,结跏趺坐于莲座之上。佛座为束腰式莲花座,上下满施莲瓣,莲瓣尖端饰卷云纹。

136
文殊菩萨像

明

通高40.5、底座长16.9、底座宽11.7厘米

　　文殊菩萨头戴宝冠，面相慈祥，身披天衣、帛带，胸悬璎珞。双手持莲花施依印，半跏趺坐于青狮之上。青狮昂首呲牙，与训狮奴立于方座之上。

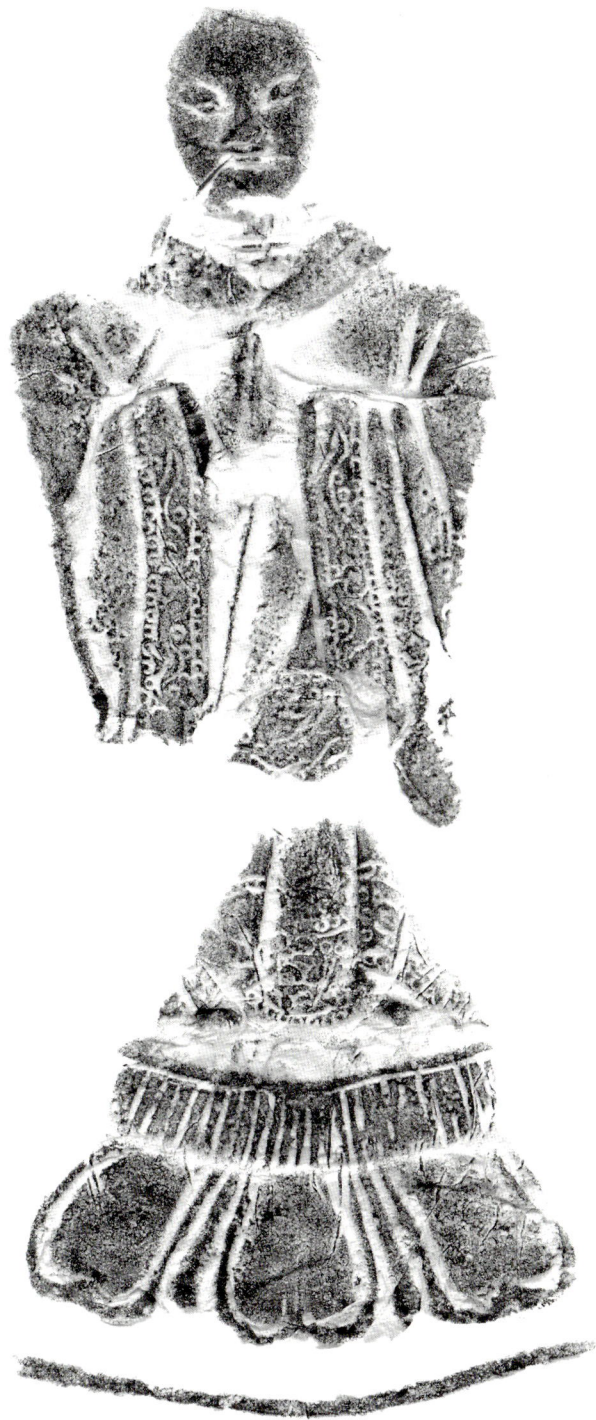

137　明

罗汉像　｜　通高15.6、底座最大径5.0厘米

青年僧人形象，眉目清秀，双手合十，身着汉地僧服，立于莲台之上。

138

罗汉像

明

通高15.5、底座最大径5.0厘米

老年僧人形象，双手抱拳行礼，身着汉地僧服，立于莲台之上。

139
罗汉像

明

通高 15.5、座基高 1.4 厘米

青年僧人形象,面容端正,双手合十,身穿袈裟,赤足立于莲花座基上。

140
观音像

明

通高 18.3 厘米

　　观音头梳高髻，面颊长圆，身着连帽天衣，下身穿长裙，露出裙褶和腰带，胸前悬挂璎
珞。手施禅定印，结跏趺坐于禅垫上。

_141_
观音像

明

通高 13.5 厘米

观音头戴毗卢冠，身披袈裟，袒胸，结跏趺坐于莲座之上。

142
观音像

明

通高26.5厘米

　　观音头戴宝冠，面相丰润，嘴角含笑，身披袈裟，胸前悬挂璎珞。手施禅定印，结跏趺坐于莲座之上。

143 | 明
观音像 | 通高39、底座长26.5、底座宽13.5厘米

　　观音头戴宝冠，冠的正面中间有一化佛。面相丰润，双肩横披天衣，胸前悬挂璎珞，下身穿长裙，赤裸双足，结跏趺坐。左手于脐前持净瓶，右手拇指与中指相合，持一杨柳枝。

144
观音像

明

通高26厘米

　　观音头戴宝冠，面相丰润，身披袈裟，结跏趺坐于莲座之上。双手叠加，手心向上，置脐下结禅定印，手中托宝瓶。

145　　明

文昌像　｜　通高17.5厘米

　　文昌像头戴文昌冠，身穿蟒袍，腰束玉带，端正坐于方形坐榻之上。

146
关公像

明

通高27.5厘米

关公的塑像有很多，大致有文相坐像、威武站像和戎装骑马像三大类。此尊造像为文相坐像，一身戎装，右腿抬起坐于方座之上。

后　记

　　中国古代青铜器，不仅数量多、造型美，而且具有很高的历史、艺术、科学和社会价值，是祖先留给我们的重要文化遗产，也是对人类文明的巨大贡献。莒南县博物馆藏青铜器，无论是十字路街道虎园水库出土的商代瓿、爵，临沭县北沟头出土的商代戈，还是大店镇老龙腰、花园、后官庄，涝坡镇卢范大庄，十字路街道中刘山，坪上镇大山空等出土的周代礼器、乐器、兵器，再或是带有各个时代印记的铜镜、杂器，都在讲述着莒南的悠久历史。也正是这一件件精美的器物，展现了莒文化和传统文化的迷人魅力。所以，将莒南县博物馆藏青铜器汇编成册，一直是笔者的一大心愿。

　　自2014年《莒南文物志》一书正式出版后，为进一步展示、研究、传承东夷文化和莒文化，笔者便有了对馆藏青铜器相关书籍进行编纂的初步设想。2015年，笔者邀请山东大学任相宏教授、山东省文物考古研究院刘延常老师、山东博物馆于秋伟老师亲临莒南县博物馆，精心挑选了100余件具有代表性的青铜器，并委托山东博物馆对部分器物进行了保护性修复，这为馆藏青铜器的出书工作打下了坚实的基础。

　　2018年春，在山东省文物考古研究院刘延常老师的指导下，《莒南县博物馆青铜器选粹》编纂工作正式启动。莒南县博物馆全体工作人员分组负责器物的筛选、描述、拍摄、拓片制作和篇目编写等工作。本着科学严谨、实事求是的原则，我们对每一件器物的信息都深入考证、鉴别和梳理，对出版过程中的每一个环节都进行认真论证，力求达到历史性、学术性与通俗性的统一。初稿形成后，经多方面征求意见，数易其稿，最终在专家研讨会上达成一致。为确保书籍质量，我们特邀上海博物馆陈凌、陆铖、薛皓冰三位专家亲临我馆进行青铜器的器物拍摄工作，邀请新泰市博物馆高雷先生指导制作青铜器拓片。2018年11月，我们呈请山东省文物考古研究院刘延常、徐倩倩、王龙，山东博物馆于秋伟四位专家对器物描述进行指导与修正。2019年5月，北京大学中国古代史研究中心教授、博士生导师朱凤瀚先生于百忙之中为本书作序。在《莒南县博物馆青铜器选粹》一书即将付梓之际，谨向一直关心、帮助、支持莒南文博事业的各位领导、专家、同仁及社会各界朋友致以诚挚的谢意！

由于水平有限，疏漏之处在所难免，敬请社会各界指正。

张文存

2019 年 6 月 22 日